江苏省教育科学"十二五"规划重点资助课题
"苏南地区新课程改革的复杂性研究"（B-a/2011/01/004）研究成果

课程与教学研究论丛

课程改革论

◎王传金 著

南京师范大学出版社
NANJING NORMAL UNIVERSITY PRESS

图书在版编目（CIP）数据

课程改革论 / 王传金著. —南京：南京师范大学出版社，2016.12
ISBN 978-7-5651-2953-7

Ⅰ.①课… Ⅱ.①王… Ⅲ.①基础教育－课程改革－教学研究 Ⅳ.①G632.3

中国版本图书馆 CIP 数据核字(2016)第 268962 号

书　　名	课程改革论
著　　者	王传金
责任编辑	刘娟娟
出版发行	南京师范大学出版社
地　　址	江苏省南京市宁海路 122 号（邮编：210097）
电　　话	(025)83598919（总编办）　83598412（营销部）　83598297（邮购部）
网　　址	http://www.njnup.com
电子信箱	nspzbb@163.com
照　　排	南京理工大学资产经营有限公司
印　　刷	镇江中山印务有限公司
开　　本	787 毫米×960 毫米　1/16
印　　张	11.75
字　　数	205 千
版　　次	2016 年 12 月第 1 版　2016 年 12 月第 1 次印刷
书　　号	ISBN 978-7-5651-2953-7
定　　价	30.00 元

出 版 人　彭志斌

南京师大版图书若有印装问题请与销售商调换
版权所有　侵犯必究

目 录

第一章 引 言 ··· 1
  一、研究缘起 ·· 1
  二、研究现状 ·· 3
  三、问题检视 ·· 8
  四、研究指向 ·· 10

第二章 课程改革的基本阐释 ·································· 12
  一、课程改革的理解 ·· 12
  二、课程改革的特性 ·· 16
  三、课程改革的动因 ·· 17
  四、课程改革的模式 ·· 20

第三章 课程改革的理想路径 ·································· 25
  一、厘定课程改革目标 ·· 25
  二、整体设计课程改革 ·· 26
  三、研制课程改革实施方案 ···································· 29
  四、持续推进课程改革 ·· 32
  五、评估课程改革成效 ·· 40

第四章 课程改革中的标准建构 ································ 44
  一、课程标准的建构 ·· 44
  二、教师教育标准的建构 ······································ 60

第五章　课程改革中的观念转变 ························· 68
　　一、教学观念的本体阐释 ························· 68
　　二、教学观念的演进脉络 ························· 74
　　三、教学观念与教学行为的关系 ····················· 81
　　四、教学观念向教学行为转化的理路 ·················· 87
　　五、教学观念向教学行为转化的制约因素 ··············· 92

第六章　课程改革中的责任分担 ························· 99
　　一、校长的领导责任 ···························· 99
　　二、教师的实施责任 ···························· 111
　　三、研究者的学术责任 ·························· 122

第七章　课程改革中的力量博弈 ························· 127
　　一、传统及其相关概念梳理 ························ 127
　　二、课程改革无法脱离传统而独行 ···················· 132
　　三、传统在课程改革浪潮中的流变 ···················· 138
　　四、外来理论面对传统的命运 ······················ 142

第八章　课程改革中的精神追求 ························· 144
　　一、幸福内涵考量 ····························· 144
　　二、课程改革的幸福旨归 ························· 151
　　三、课程改革的幸福实现 ························· 156
　　四、课程改革幸福实现的支持条件 ···················· 163

参考文献 ·································· 170

后　　记 ·································· 181

第一章 引 言

无论我们是否愿意,无论我们是否体验到,世界总是处在不断改革之中,经济在改革中发展,社会在改革中进步,人在改革中成长。我们始终在适应改革,也一直在追求改革,谋划改革、推进改革、体验改革、反思改革是人类社会发展中的永恒话题。对于教育来说,课程改革是一个重要的问题,也是一个复杂的问题。

一、研究缘起

环顾全球,审视当下,我们发现各国都把教育改革,尤其是课程改革列为增强综合国力的战略举措之一。当前世界各国课程改革呈现出的总的发展态势是:调整培养目标,使新一代国民具备适应21世纪的社会、科技、经济等方面发展所必备的素质;改变人才培养模式,实现学生学习方式的根本变革,使现在的学生成为在未来社会中具有国际竞争力的公民;课程内容进一步关注学生经验,反映社会、科技的最新进展,满足学生多样化发展的需要;发挥评价在促进学生潜能、个性、创造力等方面发展的作用,使每一个学生具备自信心和持续发展的能力等。例如:英国在1999年颁布了新一轮国家课程标准,提出四项发展目标——精神、道德、社会、文化,强调六项基本技能——交往、数的处理、信息技术、共同操作、改进学习和解决问题;日本在2002年启动实施的新课程改革力求精选教学内容,留给学生更多的自由发展空间,突出强调四个方面——鼓励学生参与社会活动和提高国际意识,提高学生独立思考和学习的能力,为学生掌握本质的基本内容和个性发展创造宜人的教育环境,鼓励每所学校办出特色和标新立异;新加坡在2001年颁布的课程改革方案中则强调使学生掌握必要的技能,成为勇于革新、善于获取信息、富有创新精神的人,以适应21世纪的需要等。

面对激烈的国际竞争和世界教育改革的浪潮,我国于1998年颁布了《面向21世纪教育振兴行动计划》,其中提出实施"跨世纪素质教育工程",整体推进素质教育,全面提高国民素质和民族创新能力;改革课程体系和评价制度,初步形成现代化的课程框架和课程标准;改革教育内容和教学方法,开展教师培训,启动新课程实验;争取经过十年左右的实验,在全国推行21世纪基础教育课程教材体系等一系列相关措施。1999年,我国又颁布了《国务院关于基础教育改革与发展的决定》,提出加快构建符合素质教育要求的新基础教育课程体系;根据不同年龄段学生的认知规律,优化课程结构,调整课程门类,更新课程内容,引导学生积极主动学习;小学加强综合课程,初中分科课程与综合课程相结合,高中以分科课程为主等。2001年,我国出台了《基础教育课程改革纲要(试行)》,随后又制定了《义务教育课程设置实验方案》《义务教育阶段21个学科课程标准(实验稿)》《关于开展基础教育新课程实验推广工作的意见》《普通高中课程方案(实验)》《普通高中15个学科的课程标准(实验)》《教育部关于积极推进中小学评价与考试制度改革的通知》等一系列配套政策制度,新一轮课程改革开始在全国实验和推广。时至今日,我国的新一轮课程改革已经进行了十多年。在这十多年当中,不同的声音一直存在,学界的争论也一直没有间断,鼓掌叫好者有之,指责发问者有之,随波逐流者有之,我行我素者亦有之……比较有代表性的争论聚焦在新课程改革是否轻视了知识、是否适应了中国国情等问题上。那么,新一轮课程改革实施的情况到底如何?制约课程改革的因素有哪些?取得了哪些进展?还存在哪些问题?导致这些问题出现的原因是什么?是课程改革本身先天不足还是我们不能适应改革?抑或是课程改革的推进机制存在问题?这些都是需要我们进一步研究的问题。课程改革是教育发展中的永恒主题,教育需要课程改革,我们也应该不断地进行课程改革,问题的关键是我们的课程改革目标是否切实可行、我们选择的课程改革之路是否适当。我们不仅需要课程改革的理想和勇气,更需要考虑课程改革的合规律性和适切性。没有理想就不会有改革,安于现状、不思进取而脱离现实的理想和改革,也很有可能会沦落为幻想和冒进。理智的选择应是在理想与现实之间寻找适切的改革道路,这样的改革才具有踏实的轨基,改革的列车才可能逐渐逼近理想的站点。那么,理想与现实之间的课程改革之路在哪里呢?我们认为,现在正是对新一轮课程改革进行全面反思,进而探寻合适的课程改革路径之时。

从大学毕业至今,在二十多年的人生历程中,笔者一直从事教育工作,也一直没有中断学习,是课程改革的学习者、亲历者和实施者。从1998年入学攻读硕士至今,笔者的学习与研究方向一直是课程与教学理论,关注的重点和研究的旨趣一直是课程改革与教学实践问题,所撰写与发表的论文、主持的研究项目均属于课程与教学理论领域。虽然笔者的研究成果还十分肤浅，但在学习与探究的过程中，积累了一定的经验和丰富的资料。透过纷繁复杂的课程改革现象，审视课程改革的曲折历程，剖析影响课程改革的因素，寻求一条适宜的课程改革之路是多年萦绕在笔者脑海中的"情结"。

二、研究现状

通过文献检索与分析，我们发现，近年来教育界关于新一轮课程改革的研究成果主要集中在以下几个方面。

（一）文本解读

在新一轮基础教育课程改革启动和实施之初，对《基础教育课程改革纲要（试行）》以及各科课程标准等课程改革基本文本的研究是众多学者的关注点，研究成果主要集中在对课程改革的基本理念、各科课程标准的解读，对校本课程、综合实践活动、研究性学习、三级课程管理体制等问题的阐释，倡导转变教与学的方式以适应改革的需要等方面。通过这一阶段的研究，学者们发现的主要问题有三个方面：一是虽然与以往的教学大纲相比，课程标准有重要的进步，但是太抽象、太概括，如对阶段目标的划分依据、教与学的方式和方法等内容缺乏清晰的介绍，使教师难以操作，难以根据标准检查自己的教学情况。退一步来讲，假设"课程标准"本身是科学的、标准的，也符合国际基础教育课程改革的实际，但需要我们深入思考的是：课程标准是否已被课程改革的执行者——教师所理解、掌握和内化？是否已落实在具体的教学实践中？如果课程标准并没有成为实践的标准，那么原因是什么呢？二是虽然我们引进了许多国外的研究成果，取得了可喜的成绩，呈现出一派"繁荣景象"，但对这些"舶来品"的本土化改造不够，往往是一有新的名词出现，大家便趋之若鹜、"生吞活剥"，以至于出现了"水土不服"和"消化不良"现象。我们灌输给教师的所谓新颖或先进的理论也不少，但是新颖的、先进的未必就是合适的，这些"舶来品"没有能够很好地与教学实际相结合，甚至有时盲目地照搬照套，致使许多所谓的"新理论"只是昙花一现，扰乱了我们的视觉，也给教师带来了诸多困惑和无奈。三是从表面上看，新课程改革文本的制订有政府的支持、有庞大的专家团、有充足的经费作保障，也经过了反复而必要的论证，这些工作是必要的，我们也都尽力去做了，但还不足以证明我们出台的文本是科学的和合适的。

（二）实施策略

经过轰轰烈烈的文本解读之后，学界逐渐将研究的目光聚焦到课程改革的实施上来，开始关注实践问题，研究覆盖教学方法、学习方式、学校管理制度、现代教学技术、课程评价、学生评价、考试改革、课程资源开发与利用等领域，其中不乏对课程改革进行细致探微、反复审视的文章。这一时期的研究，不论是对教学方法的创新，还是对教学误区的思考，都旨在使新课程改革的实践在理性中成长，充分体现了教育工作者和研究者的能动作用，在课堂教学和评价方面的研究尤其引人注目。

1. 课堂教学是课程改革的主阵地

课堂教学改革的实际质量与效果，将直接关系到课程改革的成败，这是因为"我国基础教育改革贯穿着这样一个清晰的逻辑：教育改革的核心环节是课程改革；课程改革的核心环节是课堂教学；课堂教学的核心环节是教师的专业发展"[①]。新课程改革提倡课堂教学应在充分了解学生的学习习惯、学习态度的基础上，进行准确的目标定位，采用自主学习、合作探究的方式，给课堂教学带来积极的影响。在这一理念的指导下，课堂教学改革正在进行中。学者们从不同角度和层面对课堂教学进行了研究，许多一线教师也对课堂教学改革进行了实践探索，在课堂教学组织形式、教学方法、教学技术应用、学生学习兴趣与主动性的激发等方面积累了一些经验。然而，我们也发现，目前"学生自主学习、合作探究"出现了单一化、形式化和程序化的倾向，"对话"变成了"问答"，"自主"变成了"自流"，合作探究被泛化，有形式而无实质。[②] 也就是说，在基础教育课程改革推进过程中，课堂教学没有发生实质性的变化，其有效性亟待提高。有效的课堂教学不是教师的表演，而主要是指"有助于学生成长的教学"，也就是要从"教的课堂"转型为"学的课堂"，但许多教师的课堂教学并没有真正实现这种转型，"以教师为中心、以教材为中心"的课堂行为特征仍然是非常明显的。我们所面临的学生负担过重的问题也一直没有得到很好的解决，原因当然是多方面的，但课堂教学的低效无疑也是其中的一个重要因素。由此可见，如何通过实验、改进和完善等行为促进课堂教学改革顺利进行，仍然是基础教

---

① 钟启泉."有效教学"研究的价值[J]. 教育研究, 2007(6).

② 赵福江. 新基础教育课程改革研究之初步分析：以中国人民大学《报刊复印资料·教育学》为样本[J]. 天津市教科院学报, 2008(3).

育课程改革实施中的重点和难点。

2. 评价是课程改革的重要环节,是课程实施的"指挥棒"

评价标准与方法是否科学,直接影响课程实施的效果。随着基础教育课程改革的推进,研究者逐渐意识到,评价制度直接影响课程目标的实现和课程功能的转向与落实,并呼吁"配套的改革",使评价制度的改革成为新课程研究的重点,研究内容涉及学生评价、中考和高考改革等。许多人认为对学生的学习评价,教师不能一味地强调和谐性,而弱化纪律、秩序和必要的批评,要努力建立起"目标多元、方法多样"的评价体系。一方面,教师在挖掘学生思维的闪光点,充分发挥评价的激励功能,关注学生出现的错误,慎重维护学生自尊心的同时,不能不作评价,或是笼统地以一个"好"来表述;另一方面,鼓励、赞赏要从发展性的角度去评价,注意评价的客观性,启迪思维、拓展思路,引导学生向正确的方向思考。此类反思型的文章提醒我们必须关注教师对学生的评价缺乏科学标准的状况,如何进行科学化、民主化的评价仍需要教育工作者继续研究和实践。

(三)教师发展

教师是课程改革的具体执行者,在课程改革中发挥着不可替代的作用。关于教师的研究始终贯穿于整个课程改革过程中。从最初意识到"新课改成于教师",根据"课程标准看教师专业的发展趋势",提出"建设一支高素质的中小学教师队伍""为全面建设小康社会准备高素质教师"的目标,到"关注自身专业发展""发掘新课程师资培训的策略""体验教学中教师的角色定位和行为策略",再到解决"教师专业化的困境""教师职业倦怠"和补救"新课改中教师素质的不足"……无不体现了教师专业发展问题一直是研究者关注的焦点。

1. 研究的主题

在对教师的研究中,不管是教师零参与研究,还是教师配合研究,我们研究的主题主要集中在教师的行为、人格、角色、素质等方面,进行这些研究的主要方法是观察、调查、比较、经验总结、理论提炼以及案例分析等。对教师的行为研究可分为优秀教师的教学行为研究、教师的问题行为研究和教师的教学基本技能行为研究;对教师的人格研究,主要集中在对骨干教师和优秀教师人格特征的研究;对教师的角色研究,主要集中在课程改革背景下,重新思考教师的角色定位问题;对教师的素质研究,主要集中在教师素质中存在的一些问题以及从不同角度来看教师素质的构成等方面。以上这些研究往往把焦点放在作为一种职业教师的外显的、可观察的部分上,并未涉及教师的内心世界。也就是说,我们研究教师的行为、人格、角色、素质,研究教师所使用的教材,研究教师的工作环境,但忽略了研究教师的精神世界。这其中的部分原因源于我们对于科学性的迷恋,像人的内心世界这样无法量化、无法确切观察的东西就不会引起人们太多的研究兴致。[①] 这种科学性的追求还表现在对教师的研究大多试图使其具有普遍意义,至少对某个群体而言具有普遍意义。这种研究倾向产生出来的是一些与被研究者的生活情境不甚相关的知识,这些知识可以很热闹地参与到知识的制造和生产中去,它们是重要的,但是仅仅强调它们显然是不够的,我们还需要那些对理解教师的内心世界有帮助的知识。

2. 研究的不足

我们在对教师的研究中,更多的是从社会和课程改革需要的角度对教师进行诸多规约,而对教师的生存状态和精神需要关怀不够,常常把教师看作一个知识的容器,看应该填充多少知识,很少考虑这些知识的生成条件问题,很少考虑教师的心理需要。

(四)理论探索

近几年来,国内许多研究团队在国际化、全球化和信息化的时代背景下,从历史与现实相结合的视角,探讨了义务教育新课程改革中的一般性的社会、文化问题,剖析了义务教育新课程改革中的一般性的课程与教学论问题,澄清了基础教育的"基础"性质问题,理清了变革中继承与借鉴、模仿与创新的关系,透视了变革中的"同"与"异",提出了合格性评价是基础教育评价的应然选择、"特色均衡"是欠发达地区变革路径的选择等一系列重要观点,力图构建观照实践、改善实践、释放实践智慧的具有"中国精神和气派"的基础教育课程改革理论,为中国基础教育课程改革提供有中国特色和气质的理论支撑,为实践者提供理性的文化态度参照,进而促使课程与教学改革走出一条有中国特色、中国精神和中国气派的道路。比如:杨启亮教授主持的南京师范大学"211工程"三期重点学科建设项目"教育现代化进程中基础教育课程与教学变革研究",将研究目标定位在探索教育现代化进程中

[①] 岳欣云.教师研究的反思与再探究[D].上海:华东师范大学,2005.

符合中国特色的社会主义现实国情、有世界眼光和中国气派、关注特色均衡和力求优质的课程与教学变革道路,创生适应变革的课程与教学基础理论、学科课程与教学实践理论,培育示范性的科研成果转化与应用推广的学校个案、生成旨在实现不同地区教育共同发展的原创性的实践理论。该项目包括教育现代化进程中适应变革的课程与教学基础理论研究(本体研究)、学科课程与教学的实践理论研究(深化研究)、成果转化与应用推广研究(回归研究)三个紧密联系、相辅相成的基本方向。三个方向将共同探索"率先发展实现教育现代化"的可行性路径,深层追寻适应变革的社会、文化、教育的内在规律,尝试解决变革过程中的国际化与本土化、继承传统与借鉴西方、均衡发展与率先发展、理论创新与实践应用以及成果转化与应用推广等一系列重大问题。

(五) 实践反思

随着课程改革的深入推进,"思考""误区""反思"等颇具理性思考味道的词语频繁出现在文章的主题当中,正如叶澜教授所说,教育改革实践发展到一定阶段,有了一定积累之后,往往会在两个方面同时引发教育界对改革相对冷静和深刻的思考:一方面是对改革实践中具体"问题"的思考,另一方面则是支撑改革的深层观念的反思。[1] 对基础教育课程改革的理论反思则属于后者。当人们纷纷从适应社会现实和时代需求的角度来阐述课程改革的必要性和迫切性之际,有论者冷静地采取回头看的视角,认为"教育改革不是简单地从传统教育向现代教育转轨,而是通过对现代教育和传统教育的双重超越,建构一种立足中国国情的、符合时代要求和具有民族特色的新基础教育发展观"[2];"我国当前基础教育改革必须站在为历史负责、为孩子的发展负责的高度,认真研究和遵循教育发展的客观规律,必须观照中国基础教育发展的具体现实"[3];呼吁"认真反思、加强研究","适当进行一些必要的修正……"[4]。其中与基础教育课程改革密切相关的知识观讨论成为反思的"热点"。我国"新课程理念"受后现代主义等"当代西方新理念"的影

---

[1] 转引自赵福江.新基础教育课程改革研究之初步分析:以中国人民大学《报刊复印资料·教育学》为样本[J].天津市教科院学报,2008(3).
[2] 张济洲.新基础教育改革不是"哥白尼式的革命"[J].当代教育科学,2005(13).
[3] 柳海民,孙阳春.中国基础教育改革的理性诉求[J].教育学报,2005(3).
[4] 王策三.关于课程改革"方向"的争议[J].教育学报,2006(2).

响,在学校知识的性质、学校知识的教学方式以及实现学生全面发展的途径等问题上存在的诸多模糊认识,终于见诸文字,而"新课改背后存在着严重的先天不足"——缺乏"最重要、最核心、最关键的准备工作——构建一个传承中国教育传统,具有鲜明时代气息和中国特色的、相当系统完整的新课程理论体系"的问题也同样受到研究者的重视。[①] 改革不能拒绝反思,不能拒绝调整和修正。我们要清醒、严肃、认真而没有顾虑地分析研究新课程理念及其引导下的一些做法的失误和问题,寻求走出误区、补救损失、解决问题的办法。基础教育课程改革过程中出现的种种教学实践上的误区和知识观、人才观、教师观、学生观的偏差,实际上是我们探索未来改革之路的宝贵财富,也提醒我们还缺乏一种更为科学的改革观的指导。上述这些研究及其所取得的成果为本人进行课程改革的研究打下了坚实的基础。

三、问题检视

一般说来,研究都是在前人、他人的基础之上进行的,或反思、或超越、或证伪、或证实。盘点成果、剖析现状、检讨问题是为了更好地确立研究的逻辑起点和指向。

(一)研究视野与关注焦点方面的问题

从研究视野与关注焦点的角度来看,我们认为已有的课程改革研究视野不够开阔,研究内容过于集中,对不同观点的包容度不够,对传统的惯性估计不足,对我国国情观照不够,对课程改革的支持条件缺乏深入分析。例如,我们往往就课程改革谈课程改革,而忽视了课程改革的复杂性、整体性、艰巨性,导致了研究的"狭隘和片面";在学术争鸣中,过多地相互指责、罗列问题,而没有很好地分析问题,更没有提出有效解决问题的方法和路径,使争论变成了原地"打转转"的相互揭短;过多地关注改革的目标和内容,而对需要与之相适应的课程管理、课程文化、评价制度、社会支持等问题的关注力度不够,研究深度不够;对课程改革本身的理论研究相当贫乏和浅薄,缺乏对改革机制和适应性的研究等。任何改革的初衷都是美好的,结果也可能是不同程度地实现了最初的目标,但过程无一例外是艰难复杂的,可谓是步履维艰,课程改革亦是如此。为了切实推进课程改革,我们煞费苦心,政府领导会议强调、学者撰文倡导、各层级新课程骨干教师培训以及校本培训

---

① 陈培瑞.基础教育新课改:反观与前瞻后的沉思[J].江西教育科研,2004(1).

也在如火如荼地进行着,但表面的繁荣与热闹不能证明实践上确有成效。面对课程改革目标与教学现实相背离的这种尴尬局面,我们认为课程改革不是文本、口号、要求和培训就可以解决的,它需要我们从更开阔的视野出发全面审视之,深刻揭示其发展规律和所需要的必要支持性条件。

(二) 研究方法与思维方式方面的问题

从研究方法与思维方式的角度来看,我们对课程改革所进行的实证研究相对较少。由于在已有的少量实证研究中,研究工具缺乏科学论证和信度、效度检验;研究指向与结果分析缺乏类和层次的限定;研究的思维方式以简单和单向思维为主,所以,寻找一种正确认识改革的思维方式成为我们需要深入探讨的重要课题。我们常常将"实事求是"挂在嘴边,但往往是"实"没有完全弄清楚,"是"也没有求出来。在问题面前,我们需要理性思考,更需要走进实践。虽然许多研究者一再地标榜其研究具有实践倾向,但是具有实践倾向并不等于了解实践。没有走入现场进行真正的实证研究,没有聆听"当事人"群体真实的声音,我们是否真的知道课程改革中的实践问题与需求?当我们对实践中的问题没有清晰的认识的时候,我们却想当然地按照理论的逻辑,沾沾自喜地"销售"和"卖弄"我们自认为"有用"的理论,这是不正常的。当我们提出一个理论的时候,是否应该追问:这个理论是"谁"的理论?它到底对谁有用?它到底有没有一个适用的边界呢?理论研究需要理性,但理论研究真的能剥离那些让人掉泪的感性的真实的声音吗?如果脱离了丰富的实践背景,理论则可能会变成干瘪的说教。

(三) 研究成果的深刻性与系统性方面的问题

从研究成果的深刻性与系统性的角度来看,无论是实践层面的策略探讨还是理论层面的反思,都需要更加深入、更加全面、更具有实践指导价值。我们不仅需要揭示问题,而且需要对问题进行理性剖析,更需要解决问题的能力和行动。如果我们没有弄清楚问题的症结,也没有解决问题的良方,而只是一味地对别人"评头论足",这不是学术的立场,也有失学者的风范,对理论与实践也无益。这就好比我们总是埋怨房子破旧,但却没有能力为自己或他人建造新房子,只是拿空中楼阁与现实比较,空发牢骚是没有多少现实意义的。感性的判断不能取代理性的分析,煽情的议论不能掩盖事实。课程改革是一场艰难的"战争",当它遇到困难时,我们不能只做一个旁观的"看客",而应该不断地进行越来越深层次的追问,这样才可能使真正的问题水落石出。但是,许多人往往在"水"没有完全"落"之前,就对"石头"的形状、成分和大小下了结论。摸着石头过河是一种选择,但关键是你没有摸到石头,也没有过河,只是站在岸上指手画脚。课程改革在推进的过程中自然会产生许多问题,需要我们从客观、理性的立场重新审视,需要我们从背景、理念、内容、领导机构、推进程序以及支持系统和改革反响等方面作一个全景扫描,进而区分改革中出现的问题的性质,弄清楚所遇到的问题到底是实施的问题,还是政策的问题,抑或是理念的问题,进而提供建设性意见,指出适宜的路径。

四、研究指向

不可否认,新一轮基础教育课程改革在实施中取得了一定的成绩,教学实践也正在发生一些变化。同时,我们也不得不承认这样一个现实:改革取得的成效与改革的最初目标之间还存在很大的距离,在某些方面甚至背离了改革的初衷,如我国的基础教育课程在一定程度上存在着脱离时代和社会发展要求,脱离学生实际,忽视创新精神和实践能力培养的问题,应试教育仍然占据着主导地位,正如杨启亮教授所说的那样:表面的繁荣与热闹不能证明观念上的真正转变,更不意味着实践上确有成效,许多实践者并不以新课程标准为标准,也不以新课本为"本",而是依然以因循守旧的辅导材料连同与之相适应的各种名目的考试评价为追逐目标,学校教学、家庭辅导教学,连同社会舆论,也就依然默契地在延续着不健康的教学竞争。[①] 这种现象虽然不能代表全部,但确实在一定程度上存在。这些问题的出现也许是改革征程中的正常现象,但毕竟不是改革的初衷,那么就需要我们深刻反思改革的科学性与适应性问题了。

鉴于以上原因,我们应该从不同的视角出发,通过文献研究来查找与分析国内外有关课程改革的研究成果,梳理他人在此方面做了哪些研究、研究结果怎样、解决了哪些问题,还有哪些问题没有解决、自己能够解决哪些问题等,进而了解和把握课程改革适应性研究的历史脉络和发展趋势,为实证研究提供理论依据和分析维度。在文献研究的基础上,我们还应进行理论建构,研究课程改革本身的合理性问题,剖析课程改革的适切性问题,分析课程改革的运作机制问题,归纳课程改革的支持性条件,探讨课程改革的外部环境问题等。同时,课程改革也是利益博弈、价值冲突与选择的过程,因

---

① 杨启亮.关怀普及:淡化教育教学实践中的精英化取向[J].教育研究,2003(9).

此,对课程改革的研究,尤其是回顾与反思性研究,不能只是停留在追求"事实"本身的"真实"和"客观"的层面,还需要关注身处其中的人的情感、态度和价值观及其对课程改革的影响。身处课程改革之中的每一位教师、学生、校长,甚至家长和其他社会人士都有自己丰富的内心世界,都有对课程改革的看法和思考,都值得去倾听、去探询、去研究,我们应该了解他们对课程改革的所思所想、情绪反应、心理活动、思想观念、生活状态以及其职业行为所隐含的意义。另外,由于课程改革本身的复杂性、实践性,我们还应该在追求严谨的表达路径的同时,适当增加表达的灵活性,采用多样化的写作样式,融观念、理论、技术、价值、情感等于一体,以增强表达的张力和启发性,客观描述课程改革的实际状态。

第二章 课程改革的基本阐释

我们所处的时代正在经历重要变革,信息时代已经来临,高新科技迅猛发展,但时刻处于改革之中的我们,对改革本身了解多少?什么是课程改革,课程改革的特性有哪些,课程改革的动因是什么,制定课程改革目标的依据是什么,如何设计课程改革,如何制定课程改革的实施方案,课程改革需要哪些支持性资源,课程改革的阻力一般有哪些,根据什么标准对课程改革进行评价,等等。正如课程改革过程的复杂性一样,对上述问题的回答也不是简单的事情。我们不仅需要改革的勇气、信心和行动,而且需要改革的理论指导,这是因为如果对改革的本体理论没有一个相对清晰的理解,我们就不可能很好地进行改革。虽然从表面上看,改革理论的阐释似乎离现实太远,但对课程改革的深入理解可以使我们更好地节约时间、集中精力、整合资源,进而增加改革成功的可能性。当然,理论的诉求与阐释是无止境的,尤其是涉及课程改革这类复杂问题的时候。

一、课程改革的理解

从多角度去透视改革,从多学科视野出发去审视改革,将有助于我们更好地认识和理解课程改革。

(一)改革的多维度透视

一个概念可能有多种意义,以至于当我们运用它时,我们的具体指向有时也不十分清楚。为了精确地引入和使用有关概念,学者们往往运用修饰语或自我界定的方法来限定概念的含义,以便在相同的理解和共同的话语系统中更好地探讨一个问题。我们在本书中所使用的"课程改革"指课程领域个体、群体的观念和行为的改变,也指新的课程计划、政策、过程和结构。课程改革可能是渐进的或迅速的、暂时的或持久的、表面的或深层的、计划的或非计划的,可以指经历,也可以指结果或变化了的事物,但作出努力改变目前的课程状况或环境是课程改革最初关注的焦点,因而它是连续的。

如同生命科学中对一个生物体的认识常常需要解剖一样,全面理解和掌握一个复杂概念的办法之一是从多角度去剖析之。下面我们将从改革的单位、大小、程度等方面对课程改革本体进行透视。

改革的单位是指进行改革的基本核心或领域,包括部门、组织(如一所学校)、组织系统(如一个区域)等。因为改革涉及不同的单位,有时辨认出其基本单位不是那么容易的事,如让持怀疑态度的教师相信所有的学生都能够掌握有难度的内容的改革行动计划就可作为改革的基本单位,一旦教师相信所有的学生都能够掌握有难度的内容并最终达到了学校标准测试所规定的通过率,则变革的单位就从个体的教师转移到整体的学校。Hall 和 Hord 曾提出了十二条和改革有关的原则,其中第九条原则认为学校是改革的基本单位,他们认为:"不管改革是由内部还是外部发起的,学校职员和领导会做出变革的努力或中断变革的努力。"[①]

改革的大小是指有计划变革的范围,"全面""系统""大规模"这样的词经常被用来表示大的改革。任何一个关于改革大小的决定都必须建立在对环境、条件清晰理解的基础上。小规模的改革较容易实现,但不太可能产生重大的成果和影响。大规模的改革比较冒险,但如果能取得成功,就有可能取得显著的成果。我国正在进行的新一轮基础教育课程改革显然是属于大规模的改革,其最终成效还有待于时间的检验。

有计划的改革不可能在一夜之间完成。受改革的复杂程度、范围大小、可能存在的阻力等因素的影响,完全实现改革可能需要较长的一段时间,也有一些改革是永远不能完全实现的,因此,了解改革实际上达到的程度就变得十分重要。针对这个问题,Hall 和 Hord 等人研制出了"改革级别"工具,使用这个工具能看出个体对一项具体改革的反应程度。"改革级别"工具把改革的程度分为八个级别,现简略描述如下:① 更新。处于这个级别的人能够评价改革的质量,检验改革的新进展,探索自身和改革的新目标,即有能力对改革进行再改革,从而使改革产生影响、取得成效。② 整合。处于这个级别的人会把自己改革的努力和同事的改革活动结合在一起,从而在普遍的范围内对改革当事人进行集中的影响。③ 改良。处于这个级别的人会对改革进行适当调整,在直接的范围内增加对改革当事人的影响。④ 常规。处于这个级别的人会稳定地进行改革,几乎不会对改革的进程或

---

① Hall Gene E., Hord Shirley M.. Implementing Change[M]. Boston: Allyn and Bacon, 2001:14.

产生的影响进行准备或思考。⑤ 机械应对。处于这个级别的人往往把大多的努力放在短期、日常的改革方面,几乎不用时间进行反思,主要进行逐步的尝试,常常导致改革的表面化,其进行的改革更多的是满足自身的需要而不是当事人的需要。⑥ 准备。处于这个级别的人只是在为改革作最初的准备。⑦ 定位。处于这个级别的人已经获得或正在获得有关改革的信息,已经探索出或正在探索改革的价值定位及其需求。⑧ 非使用。处于这个级别的人几乎没有或根本没有关于改革的知识,没有参与改革,没有做与改革有关的事。[①] 在众多个体参与改革的情况下,有可能在每个级别中都能找到一些个体,例如当一些人还在寻求更多的改革信息时,另一些人可能已按计划开始了改革行动,也有人可能为了提高效果而开始完善改革了。Hall 和 Hord 的"改革级别"分类系统能帮助推行改革的组织做好准备,以应对与协调好改革过程中不同个体的不同反应。

思考改革程度的另一种方式是审视改革与最初计划偏差的程度,核查改革的最初计划与最终实现的改革之间的差距。在某些情况下,对一个有计划的改革进行修改是必要的。改革的失败可能要归咎于人的错误及其改革能力的缺失。对改革的机构来说,知道改革实现的程度是很重要的。课程改革具有复杂性和多维性,进行变革的决定时必须要进行多方面的综合考虑,只研究和关注其中一个方面显然是行不通的。

(二)改革的多学科审视

不关注改革的学术领域几乎是不存在的。历史学、心理学、社会学、教育学等领域的学者都曾寻找并且会继续寻找开启改革秘密的钥匙,他们想要了解是什么导致了改革、应如何进行改革、改革是否真的发生了、改革达到了什么程度以及产生了什么样的影响等问题;也想要知道为什么改革的原因、过程和结果都一直在变化,如人口统计学家一直在追查人口的数量、构成和分布上的变化,社会学家一直在追寻产生和阻碍社会变革的力量,而个体的成长和发展则吸引着心理学家的兴趣。[②]

学校是否可以引起和反映社会变革?我们所熟悉的按年龄分级的方

---

① Hall Gene E., Hord Shirley M.. Implementing Change[M]. Boston:Allyn and Bacon,2001:88.

② Barnes Jonathan. Aristotle:A Very Short Introduction[M]. Oxford:Oxford University Press, 2000:75.

法、教室安排和管理的方法、在校学习的课程等，其源头是什么？虽然我们不断进行改革，学校很多不合理的方面为什么还会持续这么多年？我们常常对课程现状不满意，为什么却又不愿意进行改革呢？历史学家一直从区域、文化、政权等方面考虑这些问题，他们的观点常常受外部因素影响，却往往不能正确评价教育工作者为改革成功所付出的努力。实际上，要理解课程改革或者理解课程改革的缺失，对校内和校外发生的事都要了解。

如果说历史学家对改革的观点是广角透镜，那么心理学家的观点则是可变焦距透镜。前者一般把重点放在阐释社会的发展趋势和主要事件上，而后者则注重个人的行为和信仰。心理学家关于课程改革的观点常常和发展、学习、动力、准备状态、功效、专长等一些概念联系在一起，这些概念被用来阐释教师的经验是如何改变的以及为什么一些教师会在专业方面达到很高的水平而其他人却做不到。根据心理学的自我功效理论，课程改革的先决条件是要发掘教师的自信心，让他们与学生一同取得进步。如果教师不相信自己有能力进行课程改革，对改革没有信心，那么许多的培训和引导都是徒劳的。自我功效是一种信仰，和某个人可以达到一个令人满意的结果的能力有关。教师天生具有理解力、敏感性、记忆力、抱负以及信仰，如果他们理解并发现了培养自我功效的有效机制，则会在课程改革中发挥更大作用。[①]

社会学观点认为，个人不是单独存在的，我们都是各种正式或非正式团体的成员，学校实际上是一个由许多团体组成的集合体。根据社会学的集体动力观点，个人的行为、信念等受集体的影响，人们进行改革或抵制改革经常是由于集体的作用，因为他们参加这个集体、支持这个集体。采用集体动力观点去阐释课程改革需要确定参与变革过程的正式或非正式的集体。集体动力观点认为个人行为和信念受他们所在的集体的影响，而组织观点却认为组织体系和文化对个人和集体产生影响，学校和学校系统应努力改变自身的体系和文化。[②]

教育学者往往对课程改革的根本原因和改革过程中需要运用的各种方法感兴趣。他们认为，教育改革理论应该阐释课程改革的原因是什么，课程改革在特殊环境下是如何发生的以及为什么某个特定的课程变革成功或失

---

① Allen Bem P.. Personality Theories[M]. Boston: Allyn and Bacon, 2000: 303 – 305.

② Shafritz Jay M., Ott J. Steve. Classics of Organization Theory[M]. Fort Worth, TX: Harcourt, 2001: 197.

败了,还应该阐释课程改革在不同地区的不同过程和不同结果。这是一个很高的要求,一些专家对普适性、综合性课程改革理论的发展前景不抱乐观态度。

二、课程改革的特性

任何事物及其发展变化都有自己的特性,课程改革亦不例外。由于视角不同、剖析维度不同,学者们关于课程改革特性的论述也不尽相同,但一般都认为复杂性、持久性、不确定性是课程改革的主要特性。

(一)复杂性

一般说来,教育改革是其他领域改革的前奏和结果。虽然我们可以把教育改革与其他改革区分开来,但实际上教育受每一种可以想象出的变革的波及,学校和教师一直受经济、社会和文化变革的影响,如人口流动影响学生到哪个学校学习,社会与文化影响学校教什么及其使命,对人类成长和发展理解的突破影响教育实践和学习环境的设计等。教育与社会政治、经济、文化之间这种千丝万缕的关系,注定了课程改革的过程是复杂艰难的。换言之,教育课程改革是一项系统工程,它具有复杂性,需要面对和处理好外部适应与内部整合等问题。外部适应是指进行课程改革的每个学校以及学校体制应该与其周围机构保持协调,比如,教育者如果对家长的愿望及政策制定者的期望视而不见,那么他们将面临许多潜在的问题。学校在解决外部适应的同时,也必须对内部成员不断提出具体的目标,如果教师轻视或者忽视个人的努力及学校的整体使命,那么内部整合将成为问题。纵观课程改革史,虽然在历次改革中人们都付出了努力,也取得了一定的成绩,但改革取得的成效与改革的最初目标之间一直存在着一定的距离,在某些方面甚至背离了改革的初衷。我国当前正在进行的新一轮基础教育课程改革也存在同样的问题。面对新课程改革的美好理想与某些教学现实相背离的尴尬局面,我们需要从更开阔的视野出发全面审视之,深刻反思改革本身的科学性和实施的复杂性等问题,尽可能地揭示基础教育课程改革的运行规律和支持性条件。

(二)持久性

根据时间与改革之间的关系,我们可以将改革描绘成以下三种情况:① 中断的改革——简短的进程,接着就回到了原来的模式。② 最低限度的改革——在最初的抵抗之后发生了小的改革。③ 持续的改革——稳定的、进步的和永久的改革。持久的改革比起迅速消失的改革常常被视为更成功,后者常常被嘲笑为一时的风尚,但应该注意到有些改革不是有意长时间延续的。有学者关于改革的研究表明:"事实上改革是周期性的,一个周期持续十年到十五年。改革周期始于某些机能失调的压力,机能失调的压力导致出现相对大规模的改革,改变环境又造成大规模改革的完善、提炼和复兴。最终,这些也不能带来所需要的行动,又需要一个新的大规模的改革,开始新的循环。"①真正意义上的改革是持久和平衡的,这种平衡存在于动态之中,就如陀螺的平衡在于旋转一样,一旦停止旋转,陀螺便会失去平衡而歪倒。再如,自行车的平衡在于前进,一旦停下来,自行车的平衡就要依赖支架。

(三) 不确定性

尽管改革者经常为他们所希望实现的改革制定详细清晰的目标,但改革的实际结果却可能和他们的意图有很大不同,因为能够让改革者们检测未来结果的魔法水晶球并不存在。尽管他们努力预示改革的结果,但事实告诉我们,那些不确定的结果还是可能会发生,而且可能性还很大。我们尝试去改变的不一定就能够实现,改革者有必要随时注意那些没有预计到的变化。

三、课程改革的动因

对于课程改革来说,一般存在两个普遍的动因:一是来自学校体系内的原因,即内部动因,包括个别的教育者、全体职员、学校、区域领导人等;二是来自学校体系外的原因,即外部动因,包括个体、政治团体、立法团体、政府机构、商业团体和慈善机构等。当然,外部动因和内部动因不是非此即彼的关系,二者常常是同时交叉发挥着作用,促使改革的不断发生和持续推进。

---

① Chambers Fred. "The Life Cycle of an Innovation: Implications for Implementation in Education." In James Lynch, CeliaModgil, Sohan Modgil (eds.). Education and Development: Tradition and Innovation[M]. London: Cassell, 1997: 187-197.

（一）外部动因

教育常常被看作是解决政治、经济、文化、社会等问题的第一道防线，因此教育改革的动因往往来自于教育领域之外。例如，世界上许多国家和地区解决经济萧条所选择的方法之一是提高教育水平，解决种族混乱靠的是多元文化教育等。当国家和民族发展面临一些问题时，人们往往就会期待学校作出反应，促使教育进行课程改革，如苏联在空间方面取得的成功、日本和德国经济实力的增长，都曾点燃了世界范围内教育改革的火花，促使课程领域发生了巨大变化。看来不管是什么问题，人们都确信学校有能力并愿意提供帮助。同时，人们的改革意愿和在改革中的表现，改革的计划和改革实施的时间、人员，改革的力度和质量，作出改革决定所经历的过程等，都受当时的经济状况、社会发展、服务对象、区域文化、体制机制等因素的影响。个体或团体对课程改革产生的影响力，在某种程度上依赖于他们所处的经济社会环境，这些环境包括可利用的资源、普遍的规范和有效的体系等。

课程改革的外部原因常常表现为公众的观念，一种课程改革主张和观念的提出要通过对其他公众观念的关注才能确立。从一定意义上来讲，课程改革就是对公众观念作出响应的革新。例如，为了提高经济竞争力，美国公众主张应该对所有的学生而不应只是对有能力的学生提出更高的标准，这种公众观念后来变成了美国"更高标准"国家责任项目确立的基础，促进了其教育优先发展和教育公平的实施。从理论上来讲，课程改革没有理由不与公众观念所作的努力达成一致。教育受到权利政治的影响，和教育有关的公众观念会影响不同的商业利益、政治前景、价值倾向和重要群体。可能就是因为这个原因，许多人认为教育具有改革周期的特征，只要张贴一张回归基础的横幅，那么一夜之间每个地区都会宣布回归基础。当然，改革不可能满足所有群体的需要，尝试着满足迫切要求改革的群体的需要时，教育正冒着使每个人都无法满意的风险，这是因为为了响应一个群体的要求而进行教育改革所作的努力总会引起来自其他群体对于改革的压力。

（二）内部动因

Kotter认为，人们一般会因为四个原因而决心进行改革：第一，认识到现有体制不正常，需要某种形式的改革；第二，对现实感到不满意；第三，正常的成长和发展受到旧体制的制约；第四，现实中一些危险事件及可以预见的将发生的事件迫使人们不得不进行变革。① 这四个原因中既有外部动因，也有内部动因，并且二者呈现出交叉胶着状态，很难分清哪个是外部动因、哪个是内部动因。但有一点是可以肯定的，那就是所有的改革都要聚焦在不同的单位中实施，这些单位小到教室和一些具体的改革项目，大到一些学校和学校系统。根据改革的动力，优先改革的单位是教室、项目、学校和学校系统，其中学校是课程改革中的关键单位，课程改革的重点应该在学校和学校的行政区域内。如果课程改革在学校里实行没有成效的话，那在别处更是很难成功的。综观整个教育变革史，许多改革者们都相信，教育者在正确的指导和帮助下，有能力不断完善自己和他们的学校。大多数父母还是会相信他们孩子的学校。如果他们怀有疑惑，他们将考虑其他学校。几乎没有人认真考虑取消整个学校系统。当有问题出现时，大多数人还是信任教育者以及其可能带来的富有建设性的教育变革。

教育者在决定是否需要进行课程改革的时候，要努力影响课程改革。影响力的大小并不是随着改革的实施而结束，甚至在改革后仍要努力不断完善，从不同的影响力以及影响力在改革发生的过程来阐释课程改革的本质、结果和重要性。但并不是所有的影响力都有同样的重要性，特定的个体或群体在特定的时间内拥有比其他个体或群体更大的影响力。例如，一个校长可能有能力影响所有的教师进行课程改革，然而他的后继者的影响力却可能很小。课程改革的实质和结果很可能要追溯到特定的个体或群体在其关键时期所发挥的影响力。

除了课程改革的内在动因和外在动因之外，课程改革本身也是一个影响的根源，这种影响表现为当前课程改革的结果会影响今后课程改革的目标。当某项课程改革的结果能有效满足某种需求时，它就能衍生出更多的时间和资源来满足其他需要。如果教育家在一个变革中获得成功，那么他获得另一个改革的支持的可能性就会增加。相反，在一个改革失败以后，改革者常常无法再去实施下一次改革。也就是说，课程改革的首期成效会对今后的课程改革产生极大的影响，当下的课程改革联系着过去、现在和未来的课程改革。正是因为这样，许多学者把课程改革当作一个持续的进程和体系来思考。

---

① Kotter John P.. Leading Change[M]. Boston: Harvard Business School Press, 1996: 18.

四、课程改革的模式

从前面的讨论可以看出,课程改革是复杂的,但尝试改革或实现改革的过程更为复杂。对复杂问题的认识和研究到了一定程度,往往会出现简约的表述,也就是人们常说的"深入浅出"。学者们常常采用归纳或演绎的方法,提出一些课程改革的简约模式,以帮助人们更好地理解课程改革的过程及其复杂性。模式和理论都提供阐释,两者之间的差别并不总是那么容易区分,但理论多用于阐释原因,而模式则注重阐释过程并一般会选择用组成元素关系的箭头图解这一形式来描绘改革的过程。模式能使人们更好地理解复杂的改革问题,它的简单化呈现方式使人们认为变革过程是完全可以预测的。有一些模式是描述性的,给人们提供怎样实现改革预期的准则;有一些模式则列出了实施改革的步骤,类似于操作流程和路线图;还有一些模式集中在改革过程中的特定方面,如解决问题、作出决定、创造革新、传播推广等。课程改革的模式在重要的方面常常是交叉的,说明改革过程中的特殊要素可能是相同的。由于学者们对国内的课程改革模式已有许多总结与阐述,所以在这里不再重复介绍,只简要列举几个国外学者总结出的课程改革模式,供我们学习与参考。[①]

(一) Rogers 模式

Rogers 认为,课程改革的过程是从问题或需要开始的,而问题或需要又是建立在对现状的反思或对未来发展的期待基础之上的。一旦特定的问题或需要被分离出来,研究者就开始思考它的本质和怎样提出问题,这个阶段涉及大量的实验和创造。当人们的注意力从理解问题或需要转向把一个新的想法变成期望以满足潜在的采纳者的需要的时候,发展阶段就开始了。发展阶段的结果是革新,发展者希望他们的主张能说服其他人并使他们接受,从而使改革的继续变得可行。[②] 需要引起我们注意的是,改革不总是按上述顺序发生的,有时会跳过某些阶段。

Rogers 的"问题、研究、发展、传播、采纳、结果"六阶段模式是建立在决

[①] Daniel L. Duke. The Challenges of Educational Change[M]. Hong Kong: Pearson Education, Inc., 2004: 22-30.

[②] Rogers Everett M.. Diffusion of Innovations[M]. New York: Free Press, 1995: 132.

定、活动和结果相互融合的基础上的，这是一个包含了不仅仅是过程的过程模式。这个模式原本应用在新产品的推广上，尤其是社团、政府的研究和发展机构创造出来的那些新产品。Rogers 也承认，改革不一定产生于研究和发展，他们也可能来自于实践，如当某些实践者寻找解决问题的新方法时，他们所发起的改革的可能性就变得尤其重要。

（二）Kanter 模式

Kanter 认为，如果课程改革的过程被分解成改革的主要任务，则改革的结构和社会条件就能被很好地理解。为了达到这个目标，她提供了一个模式，这个模式被认为是 Rogers 模式的精简。Kanter 认为改革的四个主要任务是：① 改革想法的产生：某个人或某些人了解或抓住新机遇的活力。② 改革联盟的建立：通过传播改革计划给可能的同盟者而获得的人力。③ 改革想法的实现：组建一个工作组，将想法转变成具体、明确的目标，进而实现改革目标。④ 改革成果的推广：将改革的成果传播给那些将要探索改革或把改革变成组织行动的人。①

Rogers 模式和 Kanter 模式均大量吸收了前人关于课程改革研究的成果，在本质和目的方面更加具有规定性而不是描述性。两位专家都没有说过所有的改革都会按他们的模式进行，但他们认为有效的改革极有可能包含他们所提出的要素或任务。

（三）Havelock 模式

Havelock 认为，为了理解课程改革，我们必须研究两个体系：执行者体系和资源体系。执行者体系是由解决问题的需要所引导的，而资源体系则是指执行者努力解决问题的信息来源。Havelock 模式的关键因素是信息从资源体系向执行者体系传输，他把其特征归纳为连锁，并强调信息传输的过程需要知道"谁为了什么目的、以什么方式把什么知识传输给了谁"等问题。

Havelock 提出他的模式只是作为操作的步骤，而不是描绘课程改革的

---

① Kanter, Rosabeth Moss. "When a Thousand Flowers Bloom: Structural, Collective, and Social Conditions for Innovation in Organization."In Barry M. Staw, L. L. Cummings (eds.). Research in Organizational Behavior[M]. Greenwich, CT: JAI Press, Inc., 1988:169-211.

实际过程。Havelock 所提出的课程改革的步骤是：① 建立关系：改革的机构与他们的服务对象开始建立有益的关系。② 诊断：改革机构帮助服务对象辨别可能使改革成为必要的问题和机遇。③ 获取相关资源：获得支持改革过程中不同方面的资源，包括实施和评价。④ 选择方法：提出问题或在研究的基础上提出应对机遇的想法，然后作出采纳具体想法的决定。⑤ 获得认可：改革机构和那些被期望改革的人一起工作，来赢得更多的支持。⑥ 持续变革和推广：努力把对改革活动的继续支持和对改革的理解融会到组织的机构之中。[①]

（四）Rand 模式

在美国教育行政部门的支持下，Rand 公司对课程改革进行了大规模研究。虽然这次研究的主要目的是弄清促进或阻碍改革的因素，但为了进行数据的收集和分析，研究者假设了一个课程改革过程的简明模式，把课程改革的过程分为三个阶段：① 发起阶段：在这个阶段，必须获得对改革的支持。② 实施阶段：真正实施变革，可能导致新计划或实践及组织改变的过程。③ 融合阶段：改革完成了，新的计划或实践成了组织的永久性构成部分。[②]

对 Rand 模式和 Havelock 模式进行比较，我们可以明显地看出前者缺乏对改革起始阶段的关注。事实上，Rand 公司的研究者对 Havelock 模式是持批评态度的，因为 Havelock 模式把决定改变现存实践之前发生的问题作为紧要的事情，而他们认为课程改革的主要障碍是在决定改革之后产生的。

（五）ACTO 模式

ACTO 模式产生于把计算机引进教室的研究。在观察了自愿参加"未来苹果教室"项目（ACTO）的教师后，研究者认为在教学方面预期的变革已经逐渐地发生了。通过该项目的实施，研究者发现经过使用计算机技术，原

---

① Havelock Ronald G.. The Change Agent's Guide to Innovation in Education[M]. Englewood Cliffs, NJ: Educational Technology Publications, 1973:110.

② Berman Paul, McLaughlin Milbrey W.. Federal Programs Supporting Educational Change, Vol. VIII: Implementing and Sustaining Innovations[M]. Santa Monica, CA: Rand, 1978.

本强化的"讲课—背诵—座位上的学习"式的、以课文为中心的课程学习,逐渐被对学生来说更具有活力的学习经验所代替。① ACTO 模式包括五个阶段:① 进入:教室安装了计算机,但教师继续使用熟悉的技能进行教学,不过开始接触使用计算机的教学。② 接受:教师开始感到使用计算机更加方便,他们的关注点从接触计算机转移到为教学如何使用计算机上。③ 适应:教师把计算机融入传统的教学实践当中,但讲、背和座位上的学习仍然是教学活动的主要形式。④ 运用:一些教师开始掌握使用计算机的技术,他们自己解决有关问题并发现了计算机的新的教学用途。⑤ 创造:教师开始思考基于计算机的与原来不同的教学改革。ACTO 模式集中于个体的教师对一个具体的改革(教室安装计算机)的反应,有助于我们认识个体和组织实施改革的过程。

(六) Chambers 模式

Chambers 于 1997 年提出了一个描述性的关于课程改革的循环模式。根据 Chambers 的观点,在实施课程改革的过程中会遇到许多新情况、新问题,为了解决这些新问题就需要对改革进行小的调整,调整的目的是解决在实施大规模的改革之前没有预料到或是由实施直接引起的问题。在不断调整的改革支持下,大规模的改革有了空间并开始顺利进行。随着时间的流逝,小的调整或小的精细的革新会促进大规模改革的运作。最终,除了各种小的精细的改革外,大规模的改革开始不能满足系统内改变条件所引起的需要,新的高效、大规模的改革又成为必要,这样就形成了改革的循环,但每一个环节都可能需要十到十五年的时间。②

(七) Kotter 模式

Kotter 认为,课程改革通常从产生改革的紧迫感开始,到将改革融入组织文化中结束,这一过程一般包含八个阶段:① 产生改革的紧迫感;

---

① Dwyer David C., Ringstaff Cathy, Sandholtz Judy H.. Changes in Teachers' Beliefs and Practices in Technology-Rich Classrooms[J]. Educational Leadership, 1991 (9): 45-52.

② Chambers Fred. "The Life Cycle of an Innovation: Implications for Implementation in Education." In James Lynch, Celia Modgil, Sohan Modgil (eds.). Education and Development: Tradition and Innovation: Volume One[M]. London: Cassell, 1997:187-197.

② 成立改革的组织；③ 制订改革计划、提出改革策略；④ 宣传改革计划；⑤ 授权广泛的改革行动；⑥ 产生短期成效；⑦ 巩固改革成果、产生更多的改革；⑧ 改革成为组织文化中的一部分。①

  Kotter 提出的课程改革八阶段模式所关注的焦点是改革的领导问题，这一模式始于真实的、紧迫的改革需要，这种需要可能来自于潜在的危机或对课程现状的认真分析。第二个阶段是带着这种迫切的需要，领导者必须组织一个有足够影响力并有将改革推向前进的权力和能力的小组。第三个阶段是描绘改革的蓝图、提出变革的策略，从而指导实施改革者的工作。如果只是改革发起者了解改革的计划，那么这个改革蓝图是没有多大价值的，因此第四个阶段是对改革计划和前景的广泛传播。相关人员了解和理解了改革蓝图之后，领导者及其队员就要面对改革的阻抗因素。当障碍被消除之时，改革的全面实施就开始了。为了提高改革的自信心，领导者首要的目标应该是取得短期的成功，并对改革行动进行奖励。第七个阶段是为了实现改革，整个组织都在为改革而努力。当改革成为组织文化所接受的一部分时，整个改革过程就完成了。

  国内外学者所总结出的课程改革的模式还有很多，有的关注改革过程中个体的变化，有的关注改革过程中具体组织的变化，有的关注改革本身的周期，有的关注与领导改革有关的职责变化。学者们所提出的不同的课程改革模式有时使用相同的术语，但是相同的术语对不同的专家可能意味着不同的含义。虽然众多的课程改革模式之间有许多不同，但他们也有共同的特征，比如发现、设计、发展、实施等四个阶段在很多模式中都是出现的。虽然过分简化，但模式仍能合理地接近课程改革的现实，典型的改革过程是明了改革需要（发现）、针对需要提出改革（设计）、研究确定实现改革预期的过程（发展）、将改革推进到一定程度（实施）。这种课程改革模式的总结提炼加深了人们对课程改革从开始到实施之间顺序的线形认识，但是大多数专家都指出课程改革的过程明显比模式所描述的要复杂得多，改革的阶段可能是跳跃的或重复的。

---

  ① Kotter John P.. Leading Change[M]. Boston：Harvard Business School Press，1996：33.

第三章　课程改革的理想路径

成功的课程改革源于准确的需求分析、合理的目标选择、科学的整体设计,而不是冲动、盲目、无序的行为。一旦改革的必要性得以呈现和接受,那么就要设计出一个或一系列改革来表达这一必要性。虽然课程改革是非线性的、不可预测的,但事实上大多数致力于改革的人依然选择采取理性而又井然有序的理想路径,他们首先确定改革的必要性及其内容,然后再制订计划来实施改革。一般来说,改革的结果并不会与改革的计划完全一致,但这并不意味着人们应该摒弃深思熟虑的改革理想路径设计,相反我们应该采取更加灵活的方式,在出现没有预料到的情况时,作出适当的调整,将改革持续推进。

一、厘定课程改革目标

一些改革是为了完善体制机制,使其顺应课程发展的需要,回到一个适切的状态;一些改革是为了解决一些具体的问题,如效率低、不适合或者不能满足某一方面的需要;也有一些改革是为了抓住机遇,创造新事物;等等。有计划的改革是为某个或某些目标而设计的,但在改革目标确定方面,经常会出现一些问题,如目标不清晰、目标过于宏大、目标过时,甚至目标之间相矛盾等。

社会各界希望通过学校的课程改革以实现的目标太多了,政策制定者往往要求学校应对新出现的每一个问题,导致许多课程改革的目标不聚焦、不清晰或过于宏大、不切实际。例如,在过去的半个多世纪,美国要求学校解决种族歧视、吸毒、酗酒、青少年怀孕、艾滋病、武器、道德沦丧、家庭变化、贫穷以及经济威胁等一系列问题,他们认为学校是阻止自卑、传染病、虐待儿童等社会问题的第一道防线,导致改革目标过于雄心勃勃。[1] 这种学校使命的无限度扩展会导致课程改革目标的不集中。如果人们不清楚具体应

---

[1] Barott James E., Raybould, Rebecca. "Changing Schools into Collaborative Organizations." In Diana G. Pounder (ed.). Restructuring Schools for Collaboration [M]. Albany: State University of New York Press, 1998:27-42.

该做什么,就无法合理分配有限的教育资源,那么就很难取得预期的课程改革成效。目标过多、过大会扩大目标间的冲突程度,导致改革失败危险的增大。目标越小、问题越集中,就越能强化这一目标而削弱其他目标,使这一目标实现的可能性增大。

当然,学校离不开政治、法律、文化、社会和经济因素等这些背景环境,学校课程改革目标应该反映现存的状态。当课程目标与政治、法律、文化、社会及经济现实相矛盾时,就需要进行变革,新的目标往往会带来新的政策、实践应用及课程计划等。然而,环境总是变化的,经济此消彼长,学龄人口波动不断,大众文化也不断变化,这样就会出现课程改革往往没有达到期望、标准或需求的情况,导致教育者和政策制定者总是对课程改革目标应基于当前的状况还是未来的状况而争执不休。尽管明确的改革目标也要随着时间的推移不断加以修正、完善,而一个含义模糊的目标却可能坚持不变,然而基于当前的状况确定改革目标会使目标具体清晰,那么就有可能增加适应未来发展的程度。

二、整体设计课程改革

当课程改革失败时,我们首先想到的是责备教师而不是设计者,但从课程改革的历史来看,导致许多课程改革失败的原因可以部分地追究设计者对各种可能性缺乏全面系统的了解与预见。尽管课程改革设计的过程各异,但系统的思考和整体的设计应贯穿于课程改革设计的始终。课程改革设计不可能直接从图纸上搬到学校或课堂中去。面对改革要求时,教育者可以决定直接采纳现成的设计、修改设计或自己进行创新设计,但无论采取何种方式,我们都需要明白优秀课程改革设计的原则。优秀课程改革设计的出现绝不是偶然的,它应满足合理的需求,清楚反映人们的学习方式,得到研究及专业评估的支持,并充分考虑到当地的实际情况等。[1]

(一) 系统考量

课程改革的设计应因改革的目的、范围及强度不同而不同。在设计阶段,我们要考虑到各种情况和影响因素,以全面、系统的方式来设计改革。成功的改革设计通常是敏感地意识到设计要素之间的关系或者被称作系统

---

[1] Daniel L. Duke. The Challenges of Educational Change [M]. Hong Kong: Pearson Education, Inc., 2004: 93-98.

思考。系统思考的特点可归纳为总揽全局和着眼于事情的相互关系而不是事情本身,设计者要能明了各种要素之间是如何相互支撑或相互抵消的。系统思考可以要求一些人放弃"出现问题时必须有人负责"这样的观点,而意识到"每个人都必须为系统产生的问题负责"。比如,为提高阅读能力而进行的改革,如果只针对语文课程和教师而设计,则可能不是一个好的设计,因为每一门课程、每一位教师,包括家长和学生,都与阅读能力提高有关。有时候,决策者已经认定了某种改革方案,于是大家不愿意再花心思去寻找其他更好的可供选择的与学校实际需求及能力相匹配的方案,导致改革的模式和实施往往与学校的实际不配套。有时候,一个校长之所以引进一个改革的计划,只是因为这个计划在他(她)原来工作的学校起了作用或者他(她)在某个会议上听到了运用这个计划的经验介绍,造成在还没有认真考虑其他选择时,某个适时而生的设计就被选中了。改革设计具有不确定性,通常是一个多次反复的过程,这就意味着设计没有固定的套路,但按照一定的步骤整体系统地进行设计仍然是必要的。一般来说,课程改革设计需要保证最低限度的完整,以便于产生预期的效果。如果这些特征没有得到体现,就没有理由要求能达到设计的预期结果。①

(二) 满足需求

如果有足够的教育资源,如果所有的教育需求都能得到合理有效的满足,那么我们就几乎没有理由参与到课程改革的过程中去了。事实上,很少有学校能做到满足所有的教育需求。虽然很多学校在满足教育需求方面做得不错,但这并不能足以证明这些学校确实是满足了合理的教育需求。教育界有时就像时尚界和设计界一样,镜子的变换能带来品味和社会风气的变化,但这种变化通常不能算作是进步。尽管学校必须担负很多非教育方面的责任,但学校的首要责任是使学生获得能使他们成才的知识和技能,所以课程改革应该满足的教育需求只有在直接或间接地与有效的教学相关时才是合理的。

---

① Bird Tom. "Mutual Adaptation and Mutual Accomplishment: Images of Change in a Field Experiment." In Ann Lieberman (ed.). Rethinking School Improvement[M]. New York: Teachers College Press, 1986:45-60.

(三)理解学习

学生的主要任务是学习,课程改革的设计必须以对学习过程的深度理解为基础。由于知识在不断更新,所以设计者不能完全依赖他们在大学所学的知识进行课程改革设计。比如,在过去,教育者通常将注意力集中在知识的获取上,但建构主义学习理论、多元智力理论认为,学生的学习不是主要依靠外部刺激和灌输,他们的知识构成中有很大一部分来自于先前自己对事物的理解,有很多知识则来源于社会交往,学习也深受环境影响。当然,并不是所有的课程改革都与学习有关,有很多改革只涉及能使学习富有成效的基本条件。另外,与学习有关的新概念、新理论时常出现,如果课程改革设计者认同每一个新理论并运用之,那也是不对的,因为有很多新观念是相互矛盾的,其科学性有待检验。

(四)获取支持

课程改革设计还应建立在高质量的研究和真实的评估数据基础之上并得到专业工作者的肯定,但我们在采纳大规模的课程改革方案之前很少有人耐心地等待或要求提供确切可靠的依据。这种对仔细研究和评估数据的价值不屑一顾的做法,会造成一时的狂热和改革的摇摆,使课程改革有时候看起来就像是建立在站不住脚的证据以及令人怀疑的支持基础上的实验一般。通常情况下,给教育实践者留下的感觉是他们的经验和见解在有关课程改革的决策问题上所起的作用微不足道。事实上,教育实践者对当地的情况和特殊的教学环境等这些可能影响改革的因素比较了解,而研究人员却有可能低估或忽视这些因素,优秀的课程改革设计必须同时兼顾最新的研究成果及可靠的专业评估。

(五)审视条件

任何课程改革的设计均应考虑到当时、当地的教育实际,不考虑实际情况则常常会带来对课程改革的抵制、失望,最终导致课程改革的成效不明显,甚至失败。由于教育实践者对当地的教育现实非常了解,所以应当让他们参与到课程改革设计中来,这是课程改革获得成功的重要条件。学校、学校制度都带有明显的当地文化印记,如信仰、准则、对事物的判断及传统的影响等,这些方面都会影响教育实践者对课程改革的态度。有些学校可能已准备就绪并愿意进行课程改革,另外一些学校则可能对课程改革感兴趣但不准备自己设计改革,还有一些学校会因为觉得目前状态很好而不打算进行课程改革。上述这三种情况都存在进行课程改革的可能,但设计和实施计划的方法各不相同。任何改革的努力都有可能挑战现存的规则,包括时间和空间的配置、人们在某些情况下该如何表现等,课程改革的设计要尽量避免对当地的文化产生威胁。医生通常被告诫不能伤害病人,而这一条对于课程改革的设计者来说同样有效。如果存在课程改革的需求,而当地实际条件却对改革不利又该怎么办呢?课程改革的设计者必须将其加以考虑,但也不必完全受其控制。改革应主要着眼于增强学校实现目标的可能性,而不是相反地产生巨大冲击,影响到任何特定的人群,优秀的课程改革设计的标准之一是要求教育工作者能在实施改革前预见到可能产生的后果。

三、研制课程改革实施方案

课程改革的实施方案与课程改革的设计几乎具有相同的重要性。我们可能会觉得,一旦确定了课程改革的需求并选定满足需求的设计,改革中最困难的工作就已经完成了,而实际上这项工作才刚刚开始。一旦选定了某项课程改革设计,就必须起草实施方案来指导完成改革。课程改革的实施方案是使设计实际到位的指南,通常也被称为行动方案、执行方案或战略方案等。课程改革的实施方案并不是设计本身,而是要描述把改革设计从图纸上搬到学校、课堂或其他需要改革的地方的方法、步骤、支持条件等。

(一)明了改革的现实基础

实施方案的制定应建立在对改革准备程度进行仔细评估的基础之上,包括实施设计的有关人员的准备程度、学校和学校系统支持改革和使改革持续发展的能力以及社区支持改革的意愿等。改革的准备情况可以从具体实施改革的人、准备实施改革的组织、组织存在的外部环境等方面进行评估。教师对实施某项课程改革设计的准备程度通常被称为改革意愿,学校和社区对实施某项改革设计的准备程度则被称为组织能力和社区能力。当教师对改革做好思想准备、学校经过安排使改革得以发生、社区经过动员愿意支持改革时,这项改革设计才会有较大的成功可能性。改革的意愿一般包括决心和能力,个人必须愿意实施新政策、新方案或新实践,但只有意愿还不够,实施新政策、新方案、新实践要求个人改变自己,包括掌握新技能、新知识和新观点。当决心已经具备而能力缺乏时,改革的设计可能永远也无法离开图纸。如果决心没有能力相伴,带来的结果往往是个人的沮丧或改革的失败。在制定实施方案之前,我们首先必须对改革即将受到的支持或抵制程度作全面仔细的评估,做到对课程改革实际环境彻底的了解。

(二) 选定改革的实施策略

在制定课程改革的实施方案时,我们有必要首先考虑:整个设计是分阶段实施还是一次性同时实施?由志愿者开始实施还是要求所有人都参加?是首先在实验区实施还是马上进行全面实施?这类问题要求我们在制定真正的课程改革实施方案之前,首先要选择课程改革的实施策略,它是完成改革的总方法。也就是说,实施方案是为了完成特定改革设计而精心设计的一系列特别步骤,这些步骤的数量和性质要根据选择的实施策略来决定。课程改革的实施策略一般包括:① 推迟实施,直到支持改革的内部条件和外部条件成熟。预计改革将遇到较大的阻力时,聪明的做法不是使改革的影响滞后出现,而是干脆将改革延后。采取推迟策略并不是承认失败,而是选择一种比较谨慎的行动方式,目的就是为了在全面实施课程改革之前赢得足够的时间来积聚支持的力量。在内部条件和外部条件都对改革有利之前就盲目实施课程改革的计划是有勇无谋的表现。② 继续实施,但使改革的影响滞后,直到人们了解并适应它。③ 将设计分段实施,而不是一次性完成。④ 实施完整的设计方案,但首先局限在较小的实验范围内。实验能使原先没有预料到的问题在课程改革全面实施开始之前得以确定和改正,因而可以节约资源、减轻不必要的负担并减少负面宣传。⑤ 由自愿参加的个人和单位先行实施。个人和学校不被要求必须实施新设计方案,而是鼓励其自愿参加。这一策略可以减少对改革的抵制,同时使原先没有预料到的问题得到及时解决。自愿参加策略存在的问题是相对于所有教师和学校来说的,志愿者算不上有代表意义,可能会导致要求所有的教师和学校都参加的时候,志愿者的改革经历不一定能用于预测全面实施中可能出现的问题。⑥ 首先从精心挑选的单位开始实施,然后将这些单位作为样板指导随后的实施等。这些单位被选中的原因是他们迫切需要帮助,并表达了进行课程改革的意愿,则实施课程改革设计的成功性较大。尽管在研发实施方案前先考虑实施策略的好处是显而易见的,但证据表明教育工作者并不总这样做,受到重视的往往是课程改革的设计而不是课程改革实施方案的研制。

(三) 提供改革的行动指南

在课程改革的实施策略确定之后,我们就可以着手制定与实施方案有关的工作了。制定课程改革实施方案的首要目的是为课程改革设计的实施者提供行动指南,但实施方案也只是起到路线图的作用,它不能做到确定改革过程中的每一个细节,而只是标出最终的目标及沿途的重点部位。任何一个实施方案,不管它规划得多好,都不可能具体到每一个细节及回避中途出现的特殊情况。一个好的实施方案应当包括:具体目标、所必需的活动、所需的培训、改革的时间表、所需的各种资源、活动的负责人、反馈及初步评估、组织发展、最终评估指导、使改革利益相关者及时了解改革进展情况的条款等。为了确保课程改革方案有效实施,我们必须根据新出现的问题及参加人员对改革的进一步理解,适时对实施方案进行调整。为了确保课程改革方案中期修改的顺利进行,我们必须持续不断地向改革参加人员及受改革影响的人员了解实际情况。同时,也必须让没有直接参与课程改革的人,比如家长和其他教师,及时了解改革的进展情况,这些跟改革利益相关的外部人员是支持改革的重要力量源泉,将他们排除在外会引来对课程改革的误解和抵制。学校和学校系统本身可能并不一定鼓励个人来解决或协调与改革有关的问题,但通过指定联络渠道、定期发布情况通报及授权指导小组监督改革进程等方式,可以为改革的持续推进创造必要的基础条件。

(四) 汇集改革的主体力量

在影响课程改革实施方案的众多要素中,教师发展被认为是最重要的因素,这是因为改革只有在教师自身改变的情况下才可能真正发生。帕斯莫和费根斯说:"没有个人的发展就没有组织的持续发展,组织也决定了个人的发展。在组织这个机构里,人们可以学习、思考、实验等等。"[1]富兰也提到,改革的起点不是制度的改变,也不是我们周围人的改变,而是我们自己的改变,但人们总习惯于把问题产生的原因归结为外部因素,并在制度方

---

[1] Pasmore William A., Fagans Mary R.. Participation, Individual Development, and Organizational Change: A Review and Synthesis[J]. Journal of Management, 1992(2):375-397.

面寻找问题的症结和解决的方法。① 有些人认为,教师只要参加一次研讨会或示范课就能把多年来养成的行为习惯改掉,事实告诉我们这种想法是错误的,教师不可能轻易地抛掉多年来所形成的观点和行为方式,大多数人需要有足够的时间来思考和实验新观点和新行为。如果需要教师必须改变业已养成的思维方式和行为习惯,那么课程改革的实施方案就应该留出空间来让教师学习新的观念和做法,让他们参加不同的学习班和研讨会进行思考和讨论,并使他们有机会运用所学的知识并进行反思。有时教师作为教室里的听众,一边听课,一边思考所学的知识是否值得记住,然后才决定是否改变自己的观点或行为。另外,我们不要想当然地认为新教师和老教师会用同样的方法学习。在为教师做培训计划时,我们可能很随意地为新教师和老教师提供同样的培训,然而研究表明,不同的培训方法对这两类人更有益。例如,新教师不像老教师那样认为改革会对自己产生威胁;老教师可能希望在私下场合听取反馈意见,同时反馈意见还不能让他们感觉到过去的那么多年是在误导学生,他们可能还需要在尝试新方法前先亲自到实地去考察一下。对有经验的教师来说,示范课及实地考察在培训中显得尤为重要。

四、持续推进课程改革

对于课程改革来说,冲突和意见不统一不但是不可避免的,而且还是必要的。在课程改革的实施和持续推进过程中,通过具体分析找出改革的动力或阻力的来源,对改革可能遇到的抵制有充分的了解是非常必要的。

(一)持续推进课程改革的教师基础

当课程改革的动力不足时,一些人会认为,从本性而言,教师不愿意改变;另一些人认为,教师仅仅是对现状很惬意;还有一些人认为,在制定改革政策时教师没有得到广泛的尊重。当教师在课程改革中扮演旁观者的角色时,已意味着他们是在谨慎地或抵抗地对改革作出反应,致使这种现象出现的原因是多种多样的。

第一,教师可能没有意识到进行课程改革的必要性,意识不到自己的缺点或工作中的问题需要改正。当他们对自己需要改革缺少了解时,他们就

---

① Fullan Michael G.. The New Meaning of Educational Change[M]. New York: Teachers College Press, 1991:23.

可能对改革采取否定或抵制的态度。教师抵制改革的另外一个理由是因为他们认为改革对他们的行为方式带来了直接的威胁,而这些行为方式是他们经过许多年才养成的,并对很多人来说这是个安全地带。有些人看不到有什么迫切的理由让他们放弃现在的生活,他们也可能不相信改革会给现状带来改进,他们何必要去冒改变现状的风险呢?教师可能也不愿意接受新观点,因为在熟悉的和未知的观点之间作选择,他们肯定更愿意选择前者。改革的建议可能被认为是对现在他们所作的工作的一种否定,所以很多人会产生抵制课程改革的念头,他们采取这种行为是为了保护过去所作的努力和他们自己。在某些情况下,对现行计划进行修改或创新就意味着取消某些岗位,比如当计算机最初被安放在教室里时,有些教师就担心他们自己最终将被技术替代。在这种情况下,他们对课程改革产生抵触情绪就可以理解了。①

第二,有时教师可能想要改革,但由于不了解改革后他们该怎么做所带来的焦虑和不安,也会引起他们对课程改革的抵制。有时教师可能把改革和失去控制等同起来,而失去控制的矫正办法"让改革所涉及的人有更多的选择"也可能成为产生焦虑的原因。比如,给教师提供各种成长的选择会使他们无所适从,无法决定应该选择怎样的职业生涯。一个人对职业停滞不前的指责在另外一个人面前是站不住脚的,教师可能明白有些事需要改变,但他们无法决定采取何种行动方式,于是他们保持不动,内心在为到底应该选择何种方案而痛苦,因而他们不能也不愿冒出错的危险,所以对改革产生抵触情绪。②

第三,害怕失败也是教师抵制课程改革的原因之一。不是失败本身,而是失败可能带来的后果,会使某些教师对课程改革产生抵触情绪。如果课程改革失败可能带来的后果是面子上的难堪及失去同事的尊重,教师们就会尽一切所能来避免改革。就像失败一样,成功有时也会成为害怕的原因,比如,如果学校文化崇尚中庸,那么接受改革并成功实施新方案可能会招致周围人的蔑视,教师们可能不愿进行改革。换言之,有时不是成功本身而是成功可能带来的后果,会使教师无法敞开胸怀,迎接课程改革的到来。

---

① Kottler Jeffrey A.. Making Changes Last[M]. London: Brunner-Routledge, 2001: 34.

② Kottler Jeffrey A.. Making Changes Last[M]. London: Brunner-Routledge, 2001: 98.

第四,进行课程改革总会伴随更多的会议、更多的培训、更多的文字工作及更多的担心,致使教师的工作量大幅增加。如果教师已经感到了工作量大幅增加所带来的压力,他们就不会张开双臂欢迎改革了。课程改革过程中不可避免地会产生一些误解和其他一些意想不到的问题,而这些都需要付出额外的时间和精力去处理。当改革方案完成、改革实施开始后,教师和管理人员都以为会议将减少,但结果他们发现仍然必须继续付出大量的额外的时间和精力来解决问题、协调团体之间的工作。教师每天除了授课以及与学生交流外,还有大量的会议要参加,而且很多会议又长又频繁,会议的形式也多种多样,有团体的、小组的以及小小组的等,所有这些都可能是日常的教学工作以外的,而且也可能在非工作时间进行。改革本来应该带来更高的效率并减少时间的浪费,而事实上却要求教师付出更多的时间和精力,致使教师可能会对课程改革感到沮丧。

第五,当教师对工作环境或管理人员印象不佳时,他们也会不太愿意支持改革。有时课程改革会导致希望的破灭以及辛勤工作的浪费,教师在经历过多次这样的最终无功而弃的改革后,就可能会对新计划及新实践不再信任。有时教师也会怀疑课程改革的必要性及那些提倡改革的人的动机,他们认为有些管理者是为了他们个人业绩的需要而实施变革。任何一个对组织者有怨气的人,在组织者对他们说现在必须做一件新的事情时,都有可能会采取抵制的态度。[1]

第六,如果改革的影响只局限于工作范围内,很多教师也许能够接受。当课程改革的影响波及教师工作以外的生活及家庭时,教师就有可能不愿意改革。然而,改革总是会增加教师的焦虑和工作量,而这会对教师工作以外的生活带来负面影响。当课程改革到来时,如果教师正忙于与个人有利害关系的事情,比如生病或者跟他人的关系不佳,他们就可能缺乏足够的精力来积极面对改革。想到已经排得很满的日程安排上还要再加上一项工作,那些新参加工作及忙于其他特别事项的教师可能会觉得不堪重负,因而不会积极面对改革。

第七,在课程改革实施阶段没有加大对教师进行必要的培训是很普遍的问题。不管教师先前参加了多少培训,他们只有在真正实施改革时才会对此给予特别的关注,因此在课程改革实施初期就让教师通过培训得到他

---

[1] Kanter Rosabeth Moss, Stein Barry A., Jick Todd D.. The Challenge of Organizational Change[M]. New York:The Free Press, 1992:100.

们所需要的帮助就显得异常重要。当然,改革实施一段时间后,参与改革的有些教师所需的培训时间可能比其他人少,这时就必须根据每个人的不同需求,为他们提供时间和内容各不相同的最佳培训方式。同时,还应该让那些改革开始后才招聘进来的教师也得到必要的培训。

(二) 持续推进课程改革的组织基础

一个组织,比如学校,对实施课程改革并将课程改革持续推进的准备程度称为组织能力。也许组织内部有许多人愿意并做好了实施课程改革的准备,但有时组织本身也有可能成为课程改革的障碍。

第一,扎尔曼和邓肯在《计划变革的策略》一书中分析了组织可能成为课程改革的障碍这一问题。他们认为,正如变革会产生胜者和败者一样,课程改革对学校组织内各部分的权力会产生威胁,也可能会导致组织内各部分之间利益的重新分配。利益和权力的流失,不管它是真实的还是想象出来的,都有可能会导致学校组织对课程改革的抵制。像劳资分配、议事规则与程序、权力模式等这些组织要素,组织中的高层管理人员,特别是那些不愿意支持课程改革的人以及课程改革的氛围等,都有可能成为课程改革的阻力。① 一般来说,当组织的特征呈现出集权化(控制权掌握在极少数人手中)和形式化(员工的一言一行都受规则和程序的控制)结合在一起时,组织就会对课程改革产生负面影响。而对课程改革产生积极影响的组织特征有复杂性(员工掌握特殊的高级技能)、互联性(组织内各部分通过人际网络联系在一起)、松散性(组织内原本中立的力量站到了促进改革的力量一方)等。另外一个值得重视的研究发现是组织的规模越大,越有可能进行改革。也就是说,促进改革的组织机构、支持改革的组织文化、组织拥有足够的改革资源这三个要素对课程改革的持续推进是十分必要的。

第二,组织机构所表现出的官僚、控制和规章制度等,通常被看作是不利于课程改革的因素,然而这些因素既可能成为课程改革的阻力,也可能成为课程改革的动力。例如,当组织的规定、控制、程序、规章制度等用于为课程改革服务时,当学校的等级制度为课程改革铺平道路时,它将有助于某些问题的解决,使合作成为可能,会起到鼓励课程改革和保护课程改革参与者的作用。当学校和学校系统承认并奖励那些从事课程改革活动的人、鼓励

---

① Zaltman Gerald, Duncan Robert. Strategies for Planned Change[M]. New York: Wiley, 1977:12.

合作,为那些实施课程改革的人提供机会、让他们参与和课程改革有关的决定时,组织机构就会成为课程改革的动力。很明显,假如教师觉得参与课程改革的代价超过了利益,他们对课程改革的支持力度就会降低;成功的课程改革也是团队努力合作的结果,当组织机构不鼓励团队工作和跨部门的合作时,课程改革会变得更加困难。同时,当教师和其他工作人员觉得他们没法参与决定课程改革的性质和课程改革的方式时,课程改革就可能受到影响。因此,在课程改革持续推进的过程中,学校组织应当处理好以下问题:教师对课程改革的支持是否受到承认和奖励,学校机构对团队工作及跨部门协作是否鼓励,教师是否参与了和课程改革有关的决定,等等。有助于课程改革的机构能确保组织的各个部分、政策、员工、计划、安排和评估程序都支持改革并使改革得以延续,然而有助于变革的机构不是一夜之间就能建立起来的,因此我们建议应当逐渐进行组织方面的变革。当课程改革被认为既可以使学生得益,又可以使教师变得更优秀时,它获得持续发展的可能性就大大增强了。当改革看来不是为了教育的目的,而是为了个人或政治目的,不直接涉及学生和教师的生活,并且没有在教学方面带来实际改进时,它即使能完成实施也很快会销声匿迹。

第三,学校和学校系统都带有组织文化的特征,这些文化可能是相对强大的,也可能是相对虚弱的;可能是单一的,也可能可以进一步划分为亚文化;可能成为课程改革的阻力,也可能成为课程改革的动力。学校或学校系统组织文化有助于课程改革的特征是期待管理人员和教师持续不断地寻找使教学变得更为有效的新方法。在这样的文化氛围中,改革就会受到重视,规章制度鼓励个人和团体对传统行为和现行教学观念提出质问和挑战。支持课程改革的组织文化强调同事关系和协作的重要性,同时也意识到这两个因素有可能导致小团体思想和对课程改革的抵制。当教师能够对新观点公开发表自己的看法并欢迎不同的建议时,他们就更有可能接受改革。在不利于课程改革的组织文化氛围中,习惯和改革相比,前者更受到重视;保护传统成了一个目标,人们对课程改革和主张课程改革的人的动机不信任,而那些对新观点和课程改革提出挑战的人则被给予了较高的社会地位。评估学校或学校系统对课程改革的支持程度时,有必要先回答下列问题:是否期待教师和管理人员不断寻找改进教学的新方法;是否积极看待实验、改进和变革;教师和管理人员是否可以对现行政策、计划和行为自由地发表自己的看法;面对新观点和不同的意见时,能否用开放的心态去接受并努力理解;等等。课程改革成功的重要组成因素就是有一个提倡协作的文化氛围。

如果人们不愿意一起共同努力工作的话，即使能达到人才多样化也并不一定能带来有效的改革。如果所有的教育工作者都能在关系融洽、互相协作的环境中实施改革，那就太完美了。遗憾的是，很多学校的组织模式使教师们相互间产生了距离，减少了协作的可能性。在另外一些情况下，教师相互之间的区别和竞争也影响了工作中的协作关系。最有可能支持课程改革的学校文化通常具有共同的准则和价值观，以学生的学习为中心，交换经过慎重思考的意见，行动透明和共同协作等特征。

（三）持续推进课程改革的时间、资金基础

课程改革的持续推进不仅要依靠足够的资源，而且还要依靠对支持课程改革的资源进行灵活的调整，尤其是时间和资金是必须首先要考虑的两个重要资源。

第一，在课程改革的持续推进过程中，我们有时必须为改革寻找新的资源或对原先的资源进行重新分配。要想准确预测课程改革的实际过程是不太可能的，人员的调动、突然增加的工作及其他无法预测的情况都会影响改革的持续推进。有些变化要求增加人手，延长每天或每年的学习或工作时间；有些变化需要运用新技术，要求员工们增加业务知识、开展相互协作，这样教师可能需要对已经实现改革的学校进行实地参观，学习新指导材料、新技术、新课程、新教法和新评估技巧等。直接参与课程改革的人无疑对如何使用现有的资源最有发言权，如果这些变化都必须经过远离改革现场的人同意后才能进行，宝贵的时间和精力就会被浪费。特别是当校外培训和共同决策受到约束时，与教师签订的合同和组织的做法会使灵活性受到很大的限制。当我们评估支持课程改革的资源是否充足时，有必要思考并回答以下问题：培训、规划和改革所需的材料、经费是否已经到位；评估改革的阶段性成效及实施后期改革的费用是否有保障；在调整改革资源时，实施改革的人员是否有决定权；等等。

第二，一旦课程改革的实施阶段开始，各式各样的问题就会浮出水面。如果说在改革的准备阶段就觉得时间不够用的话，那么在实施阶段，时间就更显得弥足珍贵了。有不少实施问题的根源就是缺乏足够的时间，即使教育工作者非常仔细地留出足够的时间来确定改革需求、制订较完美的设计和开发较好的实施方案，但有时他们仍不注意留下足够的时间用于实施阶段开始后进行教师培训、初步评估和分享进展情况，致使人们在完成正常工作的同时，还要腾出时间来适应改革的新要求。如果无法为教师减去部分

负担,同时他们为实施改革所花费的额外时间得不到补偿的话,他们就可能被繁重的工作压倒并心生不满。

第三,尽管在课程改革实施初期,和改革有关的大部分开支就已出现,但却经常会出现需要动用新资源的情况。例如,新教师可能会要求接受当初老教师接受过的培训;课程改革实施一段时间后进行的初期评估可能会发现,课程改革设计的某些方面需要改变,而这个过程可能会涉及专家咨询及教师额外工作的补偿等费用;对改革做概括性的评估,特别是请外面的评估专家来进行评估,就会带来新的开支。另外,尽管课程改革实施一段时间后,所需的额外资金会减少,但并不是完全不需要,比如,在很多情况下,教师培训还得继续,对于新招聘人员来说更是如此;需要对设备和指导材料进行更新和替换,实施初期的反馈信息有时候也表明需要对学校的设备和安排进行调整。如果课程改革的持续发展足够重要的话,它甚至会在年度预算表上加上长长一列需要开支的项目。因此,教育工作者在为课程改革做预算时,需要超越实施方案的最初阶段,为之后阶段的培训、规划和评估留出足够的资源。

(四)持续推进课程改革的社区基础

影响课程改革持续推进的因素很多,除了上述各种因素之外,还有一个影响因素经常被我们忽视,那就是学校所服务的区域。学校和学校系统不可能存在于真空状态之中,不可能感受不到来自社区的紧张和压力。众多研究结果表明,尽管教师和管理人员对课程改革的赞同是必要的,但课程改革的最终命运可能掌握在学校所服务的社区之中。

第一,课程改革需要依靠社区提供政治和经济支持,但社区对课程改革的支持不是自然而然就会产生的。由于课程改革对学生、家长和社区会产生影响,所以我们应该让社区,特别是家长理解课程改革。家长都想要知道课程改革对他们的孩子会产生什么影响,但他们最初对课程改革的支持并不一定意味着对改革的完全理解。试想一下,像教师和管理人员这些在教育领域工作的人对课程改革的全面理解仍有困难,那么这对家长来说会意味着什么呢?如果受过高等教育的家长对此感到不理解,那么那些平时就对学校教育有不满情绪且受教育程度较低的家长又会怎么样呢?理解课程改革并不能保证一定支持改革;但是没有理解,支持改革则是不可能的。对课程改革来说,后果是灾难性的。如果教育工作者能避免使用专门的教育术语,转而采取把目标用文字一条条清楚地罗列出来的方式,家长对课程改革的理解就会增加。

第二,社区力量影响课程改革的另外一个表现形式是社区成员对学校事务的参与程度。社区对课程改革的参与程度越高,家长对改革的理解与支持的可能性就越大。很多学校课程改革的成功,源于教育工作者能够和家长以及设立在社区内的青少年教育服务机构进行密切联系,正如施里奇蒂所说,"为了保证每个孩子能享有在学校和社区获得成功所需的支持,每个学校都应当鼓励和支持与为青少年提供服务的机构之间创建新型的合作关系"[①]。施里奇蒂的观点很明确,那就是除了学校之外,对学生的教育还需要更多的专门知识,依靠更多的支持。因此,在课程改革过程中,我们要增加社区和家庭对学校事务的参与程度,赢得社区和家长对改革的稳定服务和支持,这对课程改革的顺利推进是非常必要的。

(五)课程改革问题的预见与处理

课程改革过程中出现的问题基本上可以分为两类:改革实施之前存在的问题,改革实施之后出现的问题。前者指在课程改革设计阶段时存在的判断失误、疏忽等,后者指改革实施阶段新出现的问题。

第一,课程改革的设计之所以出现问题,可能是因为没能真正反映出迫切的改革需求,体现的是领导者的喜好或只是因为当地政府人员觉得他们不得不跟从流行的改革而不能"落后";也可能是因为改革的设计太复杂,以至于教师自己也稀里糊涂,搞不清改革的根本原因等。如果实施方案没有让教师有足够的时间来适应改革的新观念并接受必要的培训,使他们觉得没有受到应有的关注,或者即使被关注了,却很快又被疏忽了,等到决策者准备好要实施改革时,很多教师就会不予配合,那么问题就会出现了。如果没能让足够的利益相关者参与到改革中来,也会出现实施问题。并不是所有对改革成功产生威胁的问题都产生在实施改革之前的那个阶段,有些问题在开始实施后就可能在毫无预兆的情况下出现,而另外一些问题则伴随着改革前进的脚步而出现。后面这类问题被富兰称为"实施回落",指的是当人们遇到需要新技能和新知识的改革时,改革会对他们精心养成的习惯、做法提出挑战,使他们觉得失去了平衡感,出现工作效率和自信心的实际下降。尽管他们意识到自己原先的方式不能再继续下去了,但他们对新计划、

---

① Schlechty Philip C. "Assessing District Capacity." In the Jossey-Bass Reader on School Reform[M]. San Francisco:Jossey-Bass,2001:361-381.

新政策和新实践的感觉并不舒服,导致改革进程的延迟。①

第二,尽管在筹备工作和计划中我们都做得很仔细,但仍难以预计到实施阶段可能出现的意外情况,这时就需要我们采取灵活的措施推进改革。有时候,问题的出现可能是由于对当地情况估计不足。另外一些时候,无法预见的情况迫使改革必须灵活进行。如果在最初的设计与实际条件严重不符的情况下还坚持原来的计划,肯定会对改革的实施带来破坏。在有些情况下,如果实际条件已经发生改变,干脆取消改革也不失为是一种明智的选择。如果改革达到预期目标的希望很渺小的话,就不值得再把教师的宝贵时间浪费在这上面了。改革实施过程中了解的信息常常意味着必须对计划作出修改后才能使计划得到有效实施,有时甚至有必要在确定困难和潜在问题后修改原定的目标。规划应当是一个持续的过程,同时目标和行动方式不能一成不变。②

五、评估课程改革成效

评估是课程改革的结果和动力,它不仅关系到课程改革的结果,而且还关系到课程改革实施的成功程度。在对课程改革成效进行评估的过程中,评估目的的确定、评估策略的选择、评估数据的搜集以及评估结果的合理应用是非常重要的几个方面。

(一)评估目的的确定

新药品上市之前先要经过严格的检测和评估,再由专家讨论决定该药品是否能上市,课程改革也需要这样一个过程。对课程改革进行评估的目的就是衡量改革目标所达到的程度,以增加人们对改革的理解并让改革者作一些调整以保证改革的顺利和成功。弄清楚评估目的对有效的数据收集和分析是必不可少的。需要注意的是,评估的目的从一开始就应该让所有涉及评估和被评估所影响的人熟知。例如,如果评估一个课程改革项目的目的是帮助政策制定者决定是否继续这个项目,那么项目的参加者就有权提前知道这个目的,试图获得更少的不同意见而隐藏评估的真正目的是不

---

① Fullan Michael. Leading in a Culture of Change[M]. San Francisco:Jossey-bass,2001:21.

② Tyler Ralph W.. The Long-term Impact of the Dewey School[J]. Curriculum Journal,1992(2).

道德的。变化在课程改革过程中无所不在。从某种程度上来说,每个教室、学校和学校体系都是独一无二的,学生家长和政策制定者都想了解课程改革是否有效,而评估可以检测课程改革前后的变化或者是不同因素、不同环境下的变化。有时我们知道结果,但并不一定清楚导致这种结果出现的原因,而评估可以揭示出这些原因。

(二)评估策略的选择

课程改革评估的目的确定之后,我们接下来要做的应是根据不同的评估目的来选择合适的评估方法、评估时间和评估执行者。

第一,在评估的发展中,Scriven 用形成性评估来描述收集和分析信息的进程进而提高课程改革的质量,一方面,他认为将形成性评估应用到为独立事件而作的评估中能提高评估的质量;另一方面,他认为总结性评估是指决定实质结论判断的评估,比如改革是否成功了或改革是否应延续下去。在《评估的方法论》中,Scriven 也指出了其他两种适用的评估方法——实质评估和结果评估。实质评估的目的是检测我们计划做的是否详细,是否做到了;而结果评估关注的是结果。也就是说,形成性评估是为改善而进行的评估,总结性评估是为决定有关评估状态而进行的评估,实质性评估是为决定是否要实施改革计划而进行的评估,结果性评估是为决定实施结果而进行的评估。[①]

第二,在对课程改革成效进行评估的过程中,除了确定评估的目的、选择评估的方法之外,我们还需要考虑评估的时间和由谁来进行评估的问题。从时间上来说,评估应该是一个持续的过程,定期的信息反馈是非常必要的。如果信息反馈持续正常、有规律,那么就可以促进改革的实施。另外,评估应当由内部评价者和外部评价者来共同实施。内部评价的优点是方便、成本低和熟悉情况等,但其缺点也是明显的,比如内部评价者所得出的评估结果可能会被认为是为自我服务而不被认可,况且学校体系内也可能缺少高水平的评估专家。外部评价虽然成本高,但能够保证提供客观的数据和分析。比较好的做法是依靠内部评估进行形成性的反馈,依靠外部评

---

① Scriven Michael. "The Methodology of Evaluation." In Ralph W. Tyler, Robert M. Gagne, Michael Scriven (eds.). Perspectives of Curriculum Evaluation, AERA Monograph Series on Curriculum Evaluation[M]. Chicago: Rand McNally, 1967: 39-83.

估进行总结性的反馈。最初得到形成性反馈信息的人就是参与课程改革的教育工作者,他们更喜欢听取内部人士而不是外部人士的意见,而当总结性评估结果需要告知改革政策制定者和社区人员时,由外部评价所给出的结论则往往更有说服力。

(三)评估数据的搜集

在对课程改革成效进行评估的过程中,我们需要用相当多的时间来收集、分析数据,因为判断改革是否有效需要充分的证据来证明,这样评估结论才有价值。

第一,通过多种方法来获得评估数据,才能提高评估的真实性和有效性。收集评估数据常用的方法有观察法、访谈法、问卷调查法和资料分析法等,这些方法轮流使用就可有各种选择。在任何情况下,我们都不能简单地认为课程改革的计划已经被真实地实施。为了弄清楚课程改革计划的实施程度,评估者不能仅仅依靠通过访谈和问卷调查而获得的间接数据,还有必要在学校和班级进行实地观察。当改革的结果和预期的效果存在某些差异时,评估者就应当搞清楚产生这些差异的原因,这时描述性的记录资料在此过程中就会起到重要的作用。

第二,我们不仅要通过多种方法来收集评估数据,而且还要通过多种渠道来收集评估所需的数据。没有课程改革实施之前的数据,就很难比较、确定改革已经发生了,因此我们应在课程改革实施之前收集基本的数据,描述出改革开始前的基本状况,为改革后进行比较提供事实依据。评估者往往将数据收集的对象限制在诸如校长、主任、组长、优秀学生等这些关键的人物身上,但普通教师和学生则是更有可能提供真实数据的个体,不同的个人和集体对课程改革的看法是不同的。因为从多种渠道收集数据需要时间和经费,所以评估者往往采用随机抽样调查的方法。当需要听取某个组的某些成员的意见时,常规的随机抽样可能会漏掉某些成员,这时就需要采用分层随机抽样调查。

(四)评估结果的合理应用

评估结果往往能决定一项课程改革的未来走向。如果在评估实施前就决定好如何运用评估结果,那将大大增加评估结果被合理利用的可能性,但是评估结果被忽略、被误用的情况也时有发生。

第一,倘若评估结果表明课程改革已经取得了预期成效,那么我们通常就可以把注意力转移到新的改革目标实现进程上来,但这时有两个问题需要引起我们的注意:一是产生这种预期改革成效的变化是否能一直延续下去?这时就需要我们思考并采取措施使这种变化一直持续下去;二是课程改革在取得预期成效的同时是否也产生了某些意外的令人不快的负面效应?假如在取得预期改革成效的同时也产生了一些负面效应,我们就需要权衡这种变化带来的益处和为之付出的代价。设想一下,如果在药品的管理中没有正确估定新药品可能会产生的副作用,将会产生什么问题?在特定情况下,它也许会造成不堪设想的后果。同样地,课程改革也有可能产生负面的至少是未预料到的副作用。令人遗憾的是,对于改革产生的预料之外的负面效应的评估并不常见。假如课程改革的预期成效没有实现或没有完全实现,我们就必须作出是否要继续实施改革的决定。在作出决定之前,我们需要思考预期改革没有成功的原因、成功实施所需的资源以及部分预期目标实现所带来的后果等问题。如果课程改革预期成效暂时没有实现,则要对是否继续下一步的改革作出判断。

第二,不管评估者是多么认真地进行评估并提供评估结果,我们依然不能保证评估结果被采纳。评估结果不被重视的原因有很多,有时是因为环境、条件发生了变化,使我们降低了对评估重要性的认识;有时是因为我们对评估方法、取样策略和评估者的能力等有疑问[1];还有一种情况是评估结果显示改革没有取得预期效果或没有积极的明显成效,而改革的决策者又想将改革持续推进下去,这时他们就有可能对评估结果不予重视。是否使用评估结果是一种利用问题,而误用评估则是另外一个问题。Steven 和 Dial 的研究表明,当评估者选择评估研究的范围受到他人左右时,当评估者面对不现实的时间限制时,当歪曲评估结果能使某个特殊团体得益或利益受损时,当有选择地使用评估结果或禁止发布评估报告时,误用就发生了。其实,对评估的误用可能存在于评估的每一个阶段,从评估开始到收集、分析评估数据再到处理评估结果。评估过程越公开,被误用的可能性就越小。[2]

---

[1] Weiss Carol H.. Evaluation Research[M]. Englewood Cliffs, NJ: Prentice-Hall, 1972:110 – 128.

[2] Stevens Carla J., Dial Micah. "What Constitutes Misuse?" In Carla J. Stevens, Micah Dial (eds.). Preventing the Misuse of Evaluation, New Directions for Program Evaluation[M]. San Francisco: Jossey-Bass, 1994:3 – 13.

第四章 课程改革中的标准建构

过分的规约会变成钳制,而钳制是不利于事物发展的,但适当的规约是必要的,因为我们需要秩序和质量。当前,我国的课程改革正处于深化阶段,在某些方面呈现出了无序和低效,迫切需要相关"标准"的规约,以提高课程改革的实效,促进课程改革的持续深度推进。

一、课程标准的建构

课程标准是由国家公认机构制定并由国家标准权威管理部门批准或核定的文件,是课程改革,尤其是课程开发、课程实施、课程评价与管理的准则。它规定了整个课程运作活动与过程的规则(或导则),供学校和教育机构遵守与反复使用,以确保教学活动的最佳效果和良好秩序。在课程标准建构的过程中,我们要系统认识课程标准的逻辑体系,正确把握课程标准的文本结构,确切使用课程标准的条款语言,科学划分课程标准的基本时段。

(一)课程标准的逻辑体系

课程的复杂性与多样性决定了课程标准是一个庞大的体系。根据系统论的观点,课程标准应该是按照一定类别与作用构成的课程标准系统,是一个由不同学段、不同层级、不同领域、不同指向组成的课程标准系统。根据"大课程观",从课程运作过程来看,课程标准整体结构应该包括:课程方案设计标准,学科课程标准(包括分科课程标准、综合课程标准),活动课程标准(经验课程标准或实践课程标准),教材设计与编写标准(主要是教科书标准),课程实施标准(主要是教学标准),课程质量管理标准(主要是课程评价标准、督导标准等)以及课程标准的评价标准(即所谓的课程元标准)。这就是说,从课程运作过程来看,课程标准应该是一个由课程方案设计标准、学科课程标准、活动课程标准、教材设计与编写标准、课程实施标准、课程质量管理标准、课程标准的评价标准等构成的课程标准体系,那种仅仅把"学科课程标准"视为整个课程标准的全部的认识与做法是错误的。课程标准体系如图1所示。

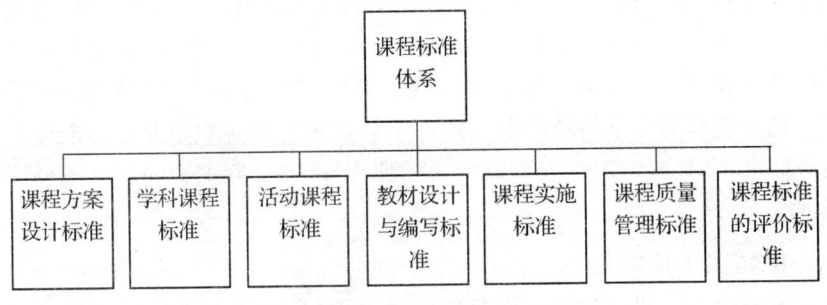

图 1 课程标准体系

1. 课程方案设计标准

课程方案是对某一学段或年段课程的总体规划与设计,也称课程规划与设计方案。课程方案这一概念,在我国曾经有多种提法,如课程总纲、课程标准总纲、课程计划,甚至也有称为教学计划和教学标准的时候。[①] 课程方案标准是为某一学段或年段课程整体谋划与设计而规定的准则。课程方案是课程总体规划,对各类课程、教材设计与编写、课程实施、课程质量管理等起到统率作用,课程方案质量的好坏直接影响着整个课程的建设与实施。可见,课程方案及其标准的制定尤为重要。

2. 学科课程标准

学科(discipline)是相对独立的知识体系。[②] 美国学者华勒斯坦等认为,学科含义有四:其一,一定科学领域或一门科学的分支;其二,按照学问的性质而划分的门类;其三,学校考试或教学的科目;其四,相对独立的知识体系。[③] 学科课程则是依据知识的门类以学科为中心来编制设定的课程,包括分科课程和综合课程。所谓分科课程,是指从不同门类的学科中选取知识,根据知识的逻辑体系,按照分科教学而编排的课程。所谓综合课程(也称统整课程、广域课程),是指把相邻或相近学科内容加以筛选、组织,按照新的体系合并起来设计编排的课程。综合课程仍以学科为中心,因此仍

---

① 丁念金.课程论[M].福州:福建教育出版社,2006:341-342.

② 中国国家标准化管理委员会.学科分类与代码表:人文社科类[S].北京:国家标准出版社,2009:1.

③ [美]华勒斯坦,等.学科·知识·权力[M].北京:生活·读书·新知三联书店,牛津大学出版社,1999:12.

然属于学科课程,它是针对分科课程划分过细,以确保知识体系的系统性与完整性,进而满足科学技术发展综合化的需要而提出的。学科课程标准是针对各级各类不同学科或相关合并学科制定的课程标准,它规定了学科课程的基本要素、内容、拟达到的指标以及课程实施活动与过程的规则(或导则),是衡量与规范学科课程的尺度。学科课程标准是整个课程标准体系的核心标准,在很多情况下人们通常说的课程标准,实际上指的就是学科课程标准。

3. 活动课程标准

活动课程也称经验课程或儿童中心课程,是侧重于学生的直接经验习得而设计的课程。活动课程是相对于学科课程而言的,这种课程强调手脑并用和"做中学",强调亲自实践与亲身体验现实生活,以获得直接经验,进而达到学习之目的。法国自然主义教育思想家卢梭,美国教育哲学家杜威、教育家克伯屈等都倡导活动课程,其中杜威是集大成者。活动课程主张课程设置应当以学生的活动为中心,而不是以学科为中心。活动课程标准是针对各级各类以促进学生的直接经验习得为主要目标与内容,以实践性为主要特征的活动课程而制定的课程标准,它规定了活动课程的基本要素、原则、内容、程序、拟达到的指标以及整个活动课程实施活动与过程的规则(或导则),是衡量与规范活动课程的尺度。笔者认为,随着教育理论、心理学、脑科学等的发展,人们对课程与教学理论的认识在不断加深,与此同时活动课程也被赋予了新的含义,学科课程与活动课程二者呈现出了趋于融合的发展态势。尽管如此,现阶段建设与学科课程标准相呼应的活动课程标准(或称为实践课程标准)符合我国的具体实际。

4. 教材设计与编写标准

教材是针对不同类型课程,以诸如纸质、胶片、光盘、硬盘、网络等不同存储介质呈现的教学用材料,包括纸质教材、音像视听教材和网络教材等,是课程内容的主要载体形式。教材设计与编写标准(或称教材标准),是就某一学科课程或活动课程的教材设计与编写制定的规则(或导则)与衡量尺度。教材设计与编写标准包括两个方面的内容:一是教科书(包括纸质的和电子的)设计与编写标准;二是教材(包括纸质的和电子的)设计与编写标准,其中以前者为主。教科书(包括纸质的和电子的)又称课本,是依据一定的结构而编写的教学用书,是教材的主要表现形式。"教科书极大地影响着甚至决定着一门课程的性质和作用,它的这种影响力深深地影响着学生们的学习经验和获得的知识。"[1]教材则是用于教学的所有材料,诸如教师用书、学生用书、习题册、补充读物等。教科书范围小,教材范围大,教科书包含于教材之中,可用于指导教学,但教材不一定都具有教科书的功能。教材是课程的最重要载体和体现,制定科学的教材设计与编写标准已迫在眉睫。

5. 课程实施标准

《国际课程百科全书》对课程实施的解释是"把某项改革付诸实践的过程"[2]。施良方先生认为,"课程实施是把课程计划付诸实践的过程,它是达到预期的课程目标的基本途径"[3]。课程实施标准是针对课程方案和学科课程付诸实践活动与过程而制定的规则(或导则)与衡量尺度。这就是说,课程实施标准主要针对两方面制定:一是课程方案的实施;二是学科课程或活动课程的实施(教学)。教学是课程实施的主要手段与途径,而课程实施则是教学的主要任务。一方面,课程实施的范围比教学大,因为课程实施的途径除了教学之外还有其他活动,教学只是其中的一种主要形式;另一方面,教学的范围又比课程实施大,因为在教学过程中不仅实施已有的课程,而且还会产生出新的课程。在实践中,人们有时用教学标准代替课程实施标准。"从历史的角度来看,我国的课程实施或教学主要有三种类型:一是基于教师经验的课程实施;二是基于教科书的课程实施;三是基于课程标准的课程实施(教学)。当前,尽管有了国家课程标准,并倡导教师应该基于课程标准开展教学,但事实上绝大部分教师还是依据教科书来实施课程。"[4]为什么会这样? 主要是因为我国迄今尚无真正意义上的课程实施标准。

6. 课程质量管理标准

课程质量管理标准是就课程质量本身、课程质量评价、监控与管理等制定的规则(或导则)与衡量尺度。主要包括课程质量评价标准、教学质量评价标准、教学质量督导标准。波斯纳认为,历史上出现过多种不同的课程观和课程评价观,其中具有代表性的有:传统课程观与课程评价观、经验课程

---

[1] [美]艾伦·C.奥恩斯坦,费朗西斯·P.汉金斯.课程:基础、原理和问题[M].南京:江苏教育出版社,2002:380.

[2] Arieh Lewy (ed.). The International Encyclopedia of Curriculum[M]. Oxford: Pergamon Press,1991:378.

[3] 施良方.课程理论:课程的基础、原理与问题[M].北京:教育科学出版社,1996:128.

[4] 崔允漷.课程实施的新取向:基于课程标准的教学[J].教育研究,2009(1).

观与课程评价观、行为主义课程观与课程评价观、学科结构课程观与课程评价观、建构主义课程观与课程评价观。① 课程评价与管理要受到课程观的直接制约。课程质量评价标准是针对课程质量制定的规则(或导则)与衡量尺度;教学质量评价标准是针对课程实施中教学质量制定的规则(或导则)与衡量尺度;教学质量督导标准是针对教学质量检查、监督以及课程标准落实情况等制定的规则(或导则)与衡量尺度。我们知道,有了课程方案设计、学科或活动课程、教材设计与编写、课程实施标准后,课程运作就有了基本的保证。然而,如何确保课程运作合理、有效,进而最大限度地满足学生发展的需要,又有赖于课程质量管理。课程质量管理要想做到规范、科学、有效,进而收到事半功倍的效果,又必须制定科学的课程质量管理标准。

7. 课程标准的评价标准

课程标准的评价标准,是针对课程标准制定的评价课程标准的标准,也称为课程元评价标准。"元评价"(meta-evaluation)的概念是美国学者Scriven 于 1969 年提出的。"元评价是由另外的评价者对已实施或已完成的评价进行评价,将原评价作为评价对象,对原评价活动及评价者的表现,进行价值判断,以期提升原评价的品质。"② 关于"元评价",美国学者Stufflebeam 等人于 1981 年在发布的《教育项目、计划、材料评估的专业标准》中提出了"实用性""可行性""合理性"和"准确性"四个维度、三十条标准。课程标准的评价标准,既是衡量各类课程标准"实用性""可行性""合理性"和"准确性"的准绳,又是丈量各类课程标准的实际作用和运用效果的尺子。作为评价课程标准的"准绳""尺子"必须做到尽可能的准确、无误差,又要持续改进。只有这样才能确保课程标准的"实用性""可行性""合理性"和"准确性",进而使课程标准发挥其应有的作用。可见,制定"课程标准的评价标准"是我国课程标准建设的当务之急。

我们知道,迄今为止,我国仅仅制定了基础教育学科《课程标准》、教师教育的教育学科总的《课程标准》以及部分课程实施标准,而其他层级标准和其他类型标准尚未制定。可以说,我国的课程标准建设刚刚起步,其建设任重而道远。2001 年,我国制定了基础教育学科《课程标准》,2011 年又予以修订。基础教育学科《课程标准》的制定对我国的基础教育课程改革起到

---

① George J. Posner. Analyzing the Curriculum[M]. New York: The McGraw-Hill Companies, Inc., 2004:252-254.

② Scriven M.. Evaluation Thesaurus[M]. CA: Edge Press, 1981:43-45.

了重要的作用,"国家课程标准是教材编写、教学、评估和考试命题的依据,是国家管理和评价课程的基础"①。2011年10月,教育部制定并颁发了《教师教育课程标准(试行)》。这一标准是教师教育的教育类课程的总的标准,它体现了国家对教师教育课程的基本要求,为制定教师教育课程方案、开发课程资源与教材、开展教学与评价、认定教师资格等提供了重要的依据。《教师教育课程标准(试行)》的颁布,标志着我国的教师教育进入了新的发展时期。除上述两类课程标准外,我国也相继制定了部分学科课程的实施标准,主要是教学评价指标体系(或称为标准)。本质而言,这些所谓的标准还缺乏系统性、科学性,严格意义上来讲还不能算是真正的标准。

总之,课程标准是由一系列相关标准构成的课程标准体系,课程标准建设绝非仅仅是学科课程标准建设,因此要系统把握课程标准的逻辑体系,要在统筹规划和顶层设计的基础上,对不同学段、不同层级、不同领域、不同指向与作用的课程方案设计标准、学科课程标准、活动课程标准、教材设计与编写标准、课程实施标准、课程质量管理标准,包括课程标准的评价标准予以一并建设。这是课程标准的本质与作用所决定的。

(二) 课程标准的文本结构

课程标准的文本系应用文体,其文本结构是指课程标准语言的各部分的搭配、构造与逻辑关系。由于课程的复杂性与各国文化传统的差异,迄今尚无统一的课程标准文本结构形式,课程标准的文本呈现出不同的特征。譬如以学科课程标准为例,美国《全国科学教育标准》由八章组成②;新加坡高中数学课程标准(2013年版)包括七个部分③;英国高中数学课程标准(2010年版)由十个部分构成④;2001年,我国制定的义务教育学科《课程标准》(2011年修订)则由前言、课程目标、内容标准、实施建议、附录五部分构成。20世纪90年代以来,一方面在世界各国课程组织与专家学者的推动

---

① 教育部.基础教育课程改革纲要(试行)[EB/OL]. http://www.moe.edu.cn/publicfiles/business/htmlfiles/moe/moe_309/200412/4672.html.

② NRC. National Science Education Standards[M]. Washington, DC: National Academy Press, 1996.

③ 史宁中,孔凡哲.十二个国家普通高中数学课程标准国际比较研究[M].长沙:湖南教育出版社,2013:168-176.

④ 史宁中,孔凡哲.十二个国家普通高中数学课程标准国际比较研究[M].长沙:湖南教育出版社,2013:308-343.

下，课程交流的力度进一步加强，促进了课程标准的研究与发展；另一方面在国际标准化组织(ISO)的引领下，世界各国的标准化工作，包括课程标准在内的教育标准开始驶向"国际标准化"的轨道。国际标准化组织发布了一系列标准制定的指导性文件，现在我国的《标准化工作导则第1部分：标准的结构和编写 GB/T1.1-2009》(以下简称《GB/T1.1-2009 标准》)就等同于采用了国际标准化组织的标准(ISO/IEC Directives-Part 2:2004, Rules for the Structure and Drafting of International Standards, NEQ)。《GB/T1.1-2009标准》是全国各行各业，包括教育领域在编写标准时共同遵守的基本准则。虽然只是推荐标准，但对我国课程标准的制定具有重要的参考作用。《GB/T1.1-2009标准》对标准要素与结构的规定如图2所示。

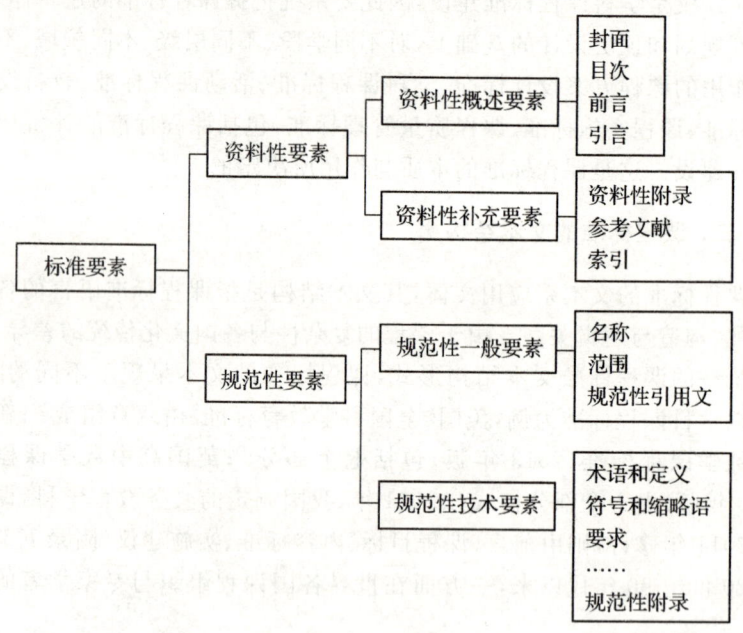

图 2　标准要素与结构

《GB/T1.1-2009 标准》将标准要素划分为资料性要素和规范性要素。资料性要素是说明在声明符合标准时无须遵守的内容，这种要素在标准中存在是为了提供一些附加信息或资料。规范性要素是说明当声明某一项产品、过程或服务符合某一项标准时，并不需要符合标准中的所有内容，而是只要符合标准中的规范性要素即可。要遵守某一项标准，就要遵守标准中所有规范性要素所规定的内容。《GB/T1.1-2009标准》将标准层次规定为:部分、章、条、段和附录,将内容目次规定为:① 前言;② 引言;③ 范围;④ 规范性引用文件;⑤ 术语和定义;⑥ 总则(总的内容);⑦ 附录;⑧ 参考文献;⑨ 索引;⑩ 图表等。①

根据课程标准的基本作用与特征,结合《GB/T1.1-2009标准》、文体学以及教育部制定的教育《"标准与指南"制定和发布规程》等的要求,参照国外发达国家课程标准的基本结构,笔者认为,理想的课程标准结构应该由三部分构成:一是课程标准的识别与说明部分,二是课程标准主体部分,三是课程标准补充部分。

1. 课程标准的识别与说明部分(即资料性要素部分)

本部分一般由四部分组成:① 标准识别言语,又称封面言语,主要内容包括标准编号、标准名称、标准发布机关、标准发布实施时间等;② 目录,又称目次,是在标准正文前,按照一定的次序编排,用以指示标准的内容与逻辑顺序,方便阅读、检索、使用的工具;③ 前言,是对标准制定、背景、依据、标准的类别与范围以及重要词语的说明,对标准的发布以及与有关标准的关系的说明,对附录等的说明,对标准制定部门、归口管理部门以及标准起草人员的明示,对标准的适用范围、免责条款以及其他事宜等的说明;④ 引言,主要内容包括标准的总则,标准制定的理念、思路与方法,与相关标准的关系,与其他标准的兼容性,引用标准等内容。

2. 课程标准主体部分(即规范性要素部分)

总的来讲,本部分一般由七部分组成:① 课程标准范围。课程标准范围是对标准的应用范围及要求等的说明;② 指导思想。指导思想是标准制定的基本方针及其起支配、指导作用的原则、观点或理论体系;③ 术语和定义。术语和定义是对本标准采用的术语和定义及其含义的说明;④ 基本目标。基本目标是根据教师与学生"二元"的目标取向确定的相关目标;⑤ 基本内容。基本内容是对相关内容的规定;⑥ 实施(使用)方略。实施(使用)方略是对实施(使用)要求、步骤、方法以及原则的规定与建议;⑦ 评价方法。评价方法是对相关质量、评价方法、评价工具、评价原则、评价策略、改进与预防措施等的规定与建议。具体而言,标准类型不同,其结构与内容亦有所差异。因此,在制定标准时要根据标准性质与作用的不同适当进行调整。

---

① 中国国家标准化管理委员会.GB/T1.1-2009(《标准化工作导则 第1部分:标准的结构和编写》)[S].北京:中国标准出版社,2009:28-30.

3. 课程标准补充部分(即规范性与资料性要素补充部分)

本部分不可或缺,是课程标准的重要组成部分,一般由四部分组成:① 附录,包括规范性附录和资料性附录,规范性附录为可选要素,它给出标准正文的附加或补充条款;而资料性附录也为可选要素,它给出有助于理解或使用标准的附加信息。② 参考文献,这里是指对某一标准或相关文献的参考、采用或借鉴。③ 索引,索引是对课程标准中一列或多列信息的一种排序结构,索引有助于更快地获取特定的信息。④ 图表等,图表等是以图形和表格等形式呈现的内容与信息。

以上阐释的是理想状态下的课程标准文本的结构。一般而言,"课程标准的识别与说明部分"和"课程标准补充部分"是标准的基本标识,在形成实际的标准文本时,这些基本项目不可缺少。"课程标准主体部分",因标准类型不同,其结构与内容有所差异,在制定标准时,可根据标准性质的不同作适当调整。课程标准是整个课程运作的尺子或准绳,其严谨的结构是其"尺子或准绳"功能与作用得以发挥与实现的基本标准。我国已制定的基础教育学科《课程标准》由前言、课程目标、内容标准、实施建议、附录五部分构成。这一结构不尽完整,特别是"课程标准的识别与说明部分"和"课程标准补充部分"中内容的缺失,给课程标准的贯彻带来了许多的问题,这也正是引起广大教师诟病的原因之一。《教师教育课程标准(试行)》也同样存在着类似的问题。因此,二者有待进一步规范与完善。

(三)课程标准的条款语言

课程标准系正式的应用文体,课程标准制定除了按照国家《GB/T1.1-2009标准》、教育部制定的教育《"标准与指南"制定和发布规程》、课程标准制定的国际惯例要求以及本国的文化与教育特征外,还必须遵循标准内容表述的习惯、规则以及标准的文体规范,恰当使用标准条款,规范运用标准语言。

1. 恰当使用标准条款

条款是指公文、契约、法规等上面所规定的语言条目款项,是规范性文件内容的语言表述方式。课程标准条款是指课程标准内容的语言条目款项及其表达方式。一般而言,课程标准由陈述性条款、指示性条款、推荐性条款和要求性条款四种语言条目款项构成。

陈述性条款是指以肯定或否定形式陈述一个事实或看法的语言条目款项，具体到语言句式上，陈述性条款多使用陈述句。指示性条款是指以请求、命令、叮嘱等的形式指示做或不做某事的语言条目款项，具体到语言句式上，指示性条款多使用带有祈使语气的句子，一般主语通常省略。要求性条款是指以"情态动词＋动词"的句子结构形式表达要求做或不做某事的语言条目款项，具体到语言句式上，要求性条款一般使用"应该""必须""需要"等情态动词再加上动词来表达。推荐性条款是指以介绍、劝谏、建议等的形式推荐去做或不去做某事的语言条目款项，具体到语言句式上，推荐性条款一般使用"应当""可""宜"等情态动词再加上动词来表达。标准是由条款组成的规范性文件，是课程开发建设、课程实施（教学）、课程（教学）评价与管理的准绳，是"尺子"。因此，从课程标准文本来看，一个具体的课程标准，指示性条款和要求性条款居多数，推荐性条款居少数，陈述性条款主要在概述、具体事实等的陈述中出现，数量也不大。指示性条款和要求性条款规定的是一定要做到的内容，因此必须态度明朗、观点鲜明，不能有丝毫折扣。推荐性条款规定的是建议要做到的内容，因此提出建议和意见，态度应该有明显的倾向性，但提出的是建议，不强迫必须去做。一般不主张使用"某建议"之类词汇或句式来表述整个推荐性条款的内容，而主张通过情态动词或程度副词的帮助来表示。陈述性条款主要是对背景、事实、现状等的说明或陈述，陈述要系统、全面，同时要讲究逻辑性。

课程标准条款的运用十分重要，实践证明我们在制定课程标准中，条款的运用不尽规范，致使影响了课程标准本身的质量，进而影响了对标准的理解与贯彻执行。以我国义务教育《历史课程标准》（2011版）为例，该课程标准相对而言还是比较规范的，但从课程标准条款的运用上还有很多地方值得商榷。如，该标准的第一部分为前言，前言中的"课程性质""课程设计思路"使用的是陈述性条款，这没什么问题，但"课程基本理念"使用的却是要求性条款，这是不妥的，同样应该使用陈述性条款。第二部分为课程目标，使用的是指示性条款而没有使用要求性条款，这勉强还可以。第三部分为课程内容（包括中国古代史、中国近代史、中国现代史、世界古代史、世界近代史、世界现代史），分为三部分，即"概述部分""内容部分"和"教学活动建议"。其中，"概述部分"使用的是陈述性条款，"内容部分"使用的却是指示性条款而不是陈述性条款，更让人匪夷所思的是"教学活动建议"，使用的是推荐性条款。我们知道，这部分本身是课程内容，"内容的选择与组织是重要的环节，是最能体现课程理想的部分，它不仅是知识的安排与配置，更是价值观的展示"①。因此,应该使用陈述性条款对不同类型的课程内容予以陈述,但这里使用的却是指示性条款和推荐性条款表述,文不对题,况且该课程标准的下一部分就是专门的"实施建议",因而十分混乱。第四部分即为实施建议,其中,"教学建议"使用的是指示性条款和要求性条款,"评价建议"主要使用的是要求性条款,"教材编写建议"使用的是要求性条款,"课程资源开发与利用建议"使用的是指示性条款和要求性条款。笔者认为,这部分恰恰应该主要使用指示性条款和要求性条款来表述,对那些须灵活掌握的、不宜或不必作出明确规定的事项与内容,也应提出具体的实施原则。但本部分的题名却是"实施建议",与内容不相符合。因此,应该把第四部分的题名"实施建议"改为"实施方略"或"课程实施"为好。大凡研究过欧美国课程标准的同志都会发现,欧美的课程标准在"课程实施"方面着墨最多。如,"欧洲和美国的英语课程标准对教学内容通过什么活动来教,教到什么程度,对活动内容、活动环境、表现程度等方面都有明确规定……督导到课堂听课只带课程标准不带教材,检查教师是否对照标准在进行教学"②。

2. 规范运用标准语言

语言是课程标准文本的基本要素,作为国家公认机构制定并由国家标准权威管理部门批准或核定的文件,作为课程开发建设、课程实施(教学)、课程(教学)评价与管理的"准绳""尺子"的课程标准,其语言必须规范、得体。从体裁来看,课程标准属于应用文体,应用文体的格式较为固定,使用正式的、规范的书面语言,语言必须遵循现代汉语语法与修辞规范,不使用生僻、晦涩、难懂、易产生歧义的词汇和语言;不使用方言、土语、口语、网络语言等;结构合理、表述规范、符合文体要求;表达明确、观点鲜明、不含糊笼统、言简意赅。另外,在标准条款中情态动词的使用相当普遍,使用要得当、得体。按标准制定的国际惯例要求,一般还应该在标准的"前言"中对情态动词的含义予以明示。如,"标准中的'应该'

---

① 马云鹏,吕立杰.课程内容选择的原则与倾向:对基础教育新课程标准设计者的访谈[J].北京大学教育评论,2005(4).

② 王月芬,徐淀芳.重新反思"课程标准":国际比较的视角[J].教育发展研究,2010(18).

(shall)表示要求,'应当'(should)仅起指导作用"①。除此之外,在课程标准条款中,还必须准确使用诸如"完全""基本""系统""能够""熟练""全面"等类似的程度副词。

在课程标准建设中规范使用标准语言尤为重要,否则容易造成歧义,致使课程标准的有效性、可操作性程度降低。从目前我国课程标准建设的实践来看,课程标准语言的规范性不容乐观。模糊、笼统、含义不清的表述在我国已制定的基础教育学科《课程标准》《教师教育课程标准(试行)》中发现。如,《数学课程标准》中如此表述:"初步建立数感;应重视口算,加强估算,提倡算法多样化。"又如,在《教师教育课程标准(试行)》的中学职前教师教育课程目标中规定培养"具有正确的教育观和相应的行为",但在分解的"基本要求"的三条中都没有回答什么是"正确的教育观和相应的行为"。如此笼统的陈述既给教学带来了问题,又给教学评价带来了困难。这样的表述也正是各种"课标解读""课标阐释""课标专家指导"以及各种形式的"贯彻《课程标准》培训班"等盛行的主要原因。不仅如此,"从目前来看,我国课程标准的模糊、含混使得它们很难进入检测程序"②。笔者认为,规范的课程标准不用解读,教师包括学生都能看懂,拿起来就能用。在美国,课程标准一经颁布,教师人手一册,教育刊物也予以刊登,没有解读,教师和学生一看就懂。

国家课程标准是教材编写、教学、评估和考试命题的依据。既然是"依据",那么"依据"就必须明确,就没有"商量的余地",当然就不能过多地使用"实施建议"之类的语言及其条款,否则就失去了标准的本质作用。在我国已制定的义务教育学科《课程标准》中,存在着许多诸如语言不明确、不规范等问题,这给具体实施带来了一系列的操作方面的困惑与困难。譬如,尽管已有学科课程标准,但一些省(市)还是制定了或正在着手制定学科《考试标准》或《考试大纲》等等。王月芬、徐淀芳认为,"应选择以课程标准作为教材编制、教学要求和考试命题的唯一依据,不宜另行编制课程标准的考试标准或者其他评价标准,否则会导致课程标准的权威不复存在"③。为何如此值

---

① 中国国家标准化管理委员会.GB/T 19001-2008/ISO 9001,2008《质量管理体系 要求》)[S].北京:中国标准出版社,2009:3.
② 夏雪梅.课程标准的实施:我们需要检测些什么[J].课程·教材·教法,2010(8).
③ 王月芬,徐淀芳.重新反思"课程标准":国际比较的视角[J].教育发展研究,2010(18).

得深思。从教学的视域来说,制定课程标准旨在依据课程标准进行教学,然而,"基于课程标准的教学是由学生应知和能做的共识来驱动的"[①]。崔允漷认为,对教师而言,基于课程标准的课程实施的教案和传统教案存在四点显著差异:一是关于标准的陈述;二是教学目标指明预期的学生表现或成果;三是检测这些表现或成果的评价活动方案;四是引导这些表现或成果的教学方案。[②] 基于标准的教学需要的是一个基于规范化标准语言的、要求明确的课程标准。课程标准是"准绳""尺子",其语言表述必须做到准确、规范、明晰,必须做到观点明确、态度明朗、具有可操作性,否则"准绳"就没有了"墨线","尺子"也就没有了"准星"或"刻度",当然也就称不上是课程标准了。

(四)课程标准的教育时段

课程标准建设还涉及一个重要的问题,那就是如何科学地划分课程标准的教育时段。这一问题十分重要,但在标准建设中却未引起我们足够的重视,致使由于课程标准的教育时段划分不合理、不科学而导致课程标准难以理解、贯彻与执行,进而削弱甚至丧失标准的"准绳""尺子"的作用。课程标准的教育时段是指课程标准的教育时段指向形式,即课程标准的时段指向是某一教育学段,还是某一教育年段,或是某一教育内容时段。具体而言,某个课程标准是以教育实施或学习的学段时间划分来制定,还是以教育实施或学习的年段时间划分来制定,或者是以教育实施或学习的内容时段划分来制定。笔者认为,从管理学和系统论的视域而言,课程标准的教育时段划分十分重要,它直接关系到课程建设,直接影响到课程的实施与贯彻,影响到课程标准自身的科学性与合理性,进而影响整个教育教学质量,影响到学生的满意度乃至学校的美誉度。

教育时段是指教育或学习的时段或阶段划分,主要有三种形式:一是教育学段;二是教育年段;三是教育内容时段。所谓教育学段,即教育实施或学习的基本阶段性时间划分,如幼儿教育阶段、小学教育阶段、初中教育阶段、高中教育阶段、大学教育阶段、大学后或研究生(硕士/博士)教育阶段、继续教育阶段。在我国,习惯上把幼儿教育阶段、小学教育阶段、初中教育

---

① [美]亚瑟·K.埃利斯.课程理论及其实践范例[M].北京:教育科学出版社,2005:113.

② 崔允漷.课程实施的新取向:基于课程标准的教学[J].教育研究,2009(1).

阶段、高中教育阶段视为"基础教育阶段"(在这一阶段中又把小学教育阶段、初中教育阶段规定为"义务教育"阶段,而把幼儿教育阶段、高中教育划分为非义务教育阶段),把小学以前视为学前教育阶段,把小学视为初等教育阶段,把初中和高中视为中等教育阶段,把大学教育(包括所谓专科、本科、研究生)称为高等教育阶段,有时又把硕士学位与博士学位教育独立出来称为研究生教育阶段。所谓教育年段,即教育实施或学习的年段时间划分,如小学各年级阶段、初中各年级阶段、高中各年级阶段、大学各年级阶段(包括硕士研究生各年级阶段、博士研究生各年级阶段)。所谓教育内容时段,即教育实施或学习内容的时段性划分,主要有四种情况:一是某一学科教育内容的实施或学习的时段,如数学、物理、化学、语文、历史、地理、生物、外国语(英语、俄语、日语等)等的实施或学习的时段;二是某一专业教育内容的实施或学习的时段,如烹饪、会计、金融、保险、工程预算、工程监理、统计与测量、检验检疫、环境保护、航天设计等的实施或学习的时段;三是某一特定教育内容的实施或学习的时段,如体育与健康、品德与生活、品德与社会等的实施或学习的时段;四是某一具体的教育内容的实施或学习的时段,如语言学习中的听、说、读、写等,语音、词汇、语法、修辞等的教育内容的实施或学习的时段等。

在课程标准建设活动过程中,首先要回答与确定的就是制定的是哪一方面、哪一层面、哪一阶段的课程标准。科学地划分课程标准的教育时段是课程标准制定的先决条件。课程标准按照什么样的教育时段来制定,不同的教育观、课程观、价值观者会有不同的认识与回答。当然,还要受到不同国家的文化传统、标准制定者的经验以及对课程标准本质与作用认识等因素的影响。但尽管如此,笔者认为,从课程标准的作用与课程的关系来看,课程标准的教育时段划分应该遵循如下规律:

1. 课程方案设计标准的教育时段划分

课程方案是对某一学段或年段课程的总体规划与设计,因此课程方案设计标准一般以教育学段或教育年段来划分。如小学(或初中、高中、大学)课程方案设计标准,小学(或初中、高中、大学)一年级课程方案设计标准,教师教育(学前教育阶段、小学阶段、中学阶段)课程方案设计标准,教师教育(大学一年级、大学二年级、大学三年级)课程方案设计标准,等等。目前我国尚未制定真正意义上的课程方案设计标准,这一内容主要是在诸如《基础教育课程改革纲要(试行)》中,或在已制定的学科课程标准中有所表述。

2. 学科课程标准的教育时段划分

学科课程标准是针对各级各类不同学科或相关合并学科制定的课程标准,是课程方案设计标准的下位标准。因此,理想的学科课程标准应以教育年段来划分。如小学(或初中、高中、大学)某年级某学科课程标准。在课程方案设计标准项下,按照教育年段,即按照每个年级段来制定各学科课程标准具有如下好处:一是有利于课程目标的制定与实现;二是有利于课程知识内容的选择;三是有利于教学评价与学生学业评价;四是有利于教材的编写;五是有利于学科课程本身的持续改进。"加拿大安大略省2007年新颁布的《科学与技术课程标准》,就是按照年级逐一制定的,每一个年级的标准都进行了详细的描述和规定,这样的标准无论对教材编写、教学还是考试评价的制约性都很强。"[1]然而,我国的基础教育学科《课程标准》多数是按学段+内容时段制定的。按学段+内容时段制定的学科课程标准,具有一定的统括性,但与以年级时段为单位的日常教学和教材的编写则不相匹配,且不利于对课程实施(教学)质量的监控与评价。比如,对学段中间的某个年级的教学或学生学业状况的评鉴或监控,就没有相应的年级标准,只能由评鉴者去理解与揣测,这就给评鉴与质量监控带来了困难,也使得作为标准的作用效果打了折扣。再加上"这种学科内容取向的编排模式导致了课程实施程度和学业质量标准模糊不清,使教学管理和改进、学生学业评价缺乏明确的参考依据"[2],这就使得问题更为突出。鉴于此,笔者认为应该按学段(小学、初中、高中)制定课程方案设计标准,在此基础上再按照教育年段,即每个年级段来制定各科课程标准为好。这看起来似乎太复杂化了,其实不然。这犹如现代化生产线一样,生产线的建立十分复杂且工程浩大,但一经建立,效益便会几倍甚至几十倍、上百倍的增长,况且生产线又由集成的模块组成,便于不断完善与持续改进。

3. 活动课程标准的教育时段划分

活动课程标准(或称为实践课程标准),是针对各级各类不同的以学生的直接经验习得为主要目标与内容的活动课程而制定的,以实践性为主要

---

[1] 王月芬,徐淀芳.重新反思"课程标准":国际比较的视角[J].教育发展研究,2010(18).

[2] 邵朝友,周文叶,崔允漷.基于核心素养的课程标准研制:国际经验与启示[J].全球教育展望,2015(8).

特征的课程标准。活动课程尊重学生的需要、兴趣与主体性的发挥,重视教材的心理组织,强调实践活动与直接经验的习得,提倡课程的综合性,主张以社会生活问题来统合各种知识。活动课程有利于学生学习主动性与积极性的发挥,有利于学生分析问题与解决实际问题能力的培养,有利于学生获得对世界的完整认识,有利于学生在文化、科学与现实生活中陶冶情操与养成良好品格。活动课程是学科课程的很好补充,故理想的活动课程标准应该以教育年段为主,以活动内容为辅来划分教育时段,即按照每个年级段制定与学科课程标准相对应的各活动课程标准,同时兼顾教学和与学生身心发展的需要相关的一些重要实践活动内容。如,小学(或初中、高中、大学)某年级与某学科相对应的活动课程标准。

4. 教材设计与编写标准的教育时段划分

教材(包括纸质的和电子的)以教科书(包括纸质的和电子的)为核心,教科书的不断运用和完善,极大地改变了教学的面貌。教科书越来越成为课程实施的主要依据,对"教什么"和"怎么教"起着决定作用。有学者甚至认为,"教科书是学校教育的心脏,没有教科书就没有学校"[①],教材设计与编写标准(或称教材标准)是学科课程教材设计与编写制定的规则(或导则)与衡量尺度。理想的教材设计与编写标准应该按教育年段,即与按照每个年级段制定的各学科课程标准相对应,按每个年级段制定各学科教材设计与编写标准。如,小学(或初中、高中、大学)某年级某学科教材设计与编写标准。

5. 课程实施标准的教育时段划分

课程实施标准是针对课程方案和学科课程付诸实践活动与过程而制定的规则(或导则)与衡量尺度。课程实施标准主要涉及两个方面:一是课程方案的实施标准,应该按教育学段或教育年段来制定;二是学科课程的实施标准(主要是课程教学标准),这一标准是学科课程标准中"课程实施"部分的细化或具体化。应该以教育年段,即每个年级段来划分。如,小学(或初中、高中、大学)某年级某学科课程实施标准(或课程教学标准)。

---

① Westbury I. Textbooks, Textbook Publishers, and the Quality of Schooling. In Elliott D. L., A. Woodward(Eds.). Text-books and Schooling in the United States [M]. Chicago, Illinois: National Society for the Study of Education, 1990:1-22.

6. 课程质量管理标准的教育时段划分

课程质量管理标准是就课程质量本身、课程质量评价、监控与管理等制定的规则（或导则）与衡量尺度，是国家、政府、学校乃至家长对学校课程及其实施质量管理的依据与基本手段。主要包括三类标准：一是课程质量评价标准，主要是针对课程方案及其贯彻质量、学科课程质量等制定的评价尺度，这一标准的时段划分一般以课程方案和学科课程时段相对应；二是教学质量评价标准，主要是针对学科课程的实施（教学）质量而制定的评价标准，这一标准一般以教育年段来划分制定；三是教学质量督导标准，这一标准主要用于国家、政府、学校等对学校教学质量的督导、监控与管理，一般以教育学段或教育年段来划分制定。

7. 课程标准的评价标准的教育时段划分

课程标准的评价标准是针对课程标准制定的评价课程标准的标准。课程标准的评价标准，又称"课程元标准"，是课程标准"实用性""可行性""合理性"和"准确性"的保证。笔者认为，这一标准既可按教育学段划分制定，也可以按教育内容时段划分制定。当然，从国家层面制定一个统一的、准则性的"课程标准的评价标准"最好，这样整个课程标准的建设就有了基本准则或尺度。

总之，尽管课程标准的教育时段划分受到教育观、课程观、文化传统、标准制定者的经验以及对课程标准本质与作用认识等因素的影响与制约，但坚持系统论和"实用性""可行性""合理性""准确性"的基本原则是科学合理地划分课程标准教育时段的先决条件。

二、教师教育标准的建构

教师是课程改革的执行主体，教师所秉持的课程理念、教学观念及其所具有的能力、素质是决定课程改革成功与否的最重要因素。当前，我国教师队伍的整体素质有了明显提高，教师供求关系正面临着由数量满足向质量提高的重大转变，为课程改革的成功实施提供了必要的前提条件。同时，在师范教育向教师教育转轨的过程中，也出现了一些诸如把关不严、质量参差不齐等问题，一些不具有教师教育资质的院校和机构在从事教师培养和培训工作，一些不具备教师素质的人在从事教师职业，使建立规范的、可操作的教师教育标准体系成为提高教师队伍建设质量的当务之急。鉴于此，我们应从多个维度出发，制定教师教育的相关标准，涵盖教师生涯的整个过程,为教师专业发展提供尺度和服务。同时,在教师教育标准化的过程中,制定、审查、执行和监管等运作环节应由不同的主体承担,相互制约,彼此促进,从而保障教师专业发展在科学有序的轨道上高效运行,为课程改革提供充足而高质量的人力资源保障。

(一) 教师教育标准的应有之维

标准是指衡量事物的准则,具有规范、样板、尺度等含义。有学者指出:"教师专业发展标准就是指规范或衡量教师专业发展活动的准则或尺度。教师专业发展是指贯穿于教师职前、入职、在职整个职业生涯的专业成长活动。"[①]我们认为,与教师专业发展阶段相适应,教师教育标准亦应覆盖教师专业成长的整个过程,包含多个子标准,从而构成一个标准群。

1. 职前

(1) 教师教育机构资质标准。近几年来,我国积极调整教师教育的布局结构,整合优化教师教育资源,提高教师教育办学层次,构建开放灵活的现代教师教育体系,但在体系开放的过程中,有的地区出现了一些不具备教师教育资质的学校或机构举办教师教育的情况。开放是手段,不是目的。开放不是放任自流,它是对具备条件的综合性高校尤其是高水平院校的开放,而不是向低层次的开放。既然不是什么人都有资格当教师,那么也就不是什么机构都有条件培养、培训教师。伴随着我国建设开放灵活的教师教育体系的进程,制定教师教育机构资质标准,构建我国教师教育机构资质认证制度,是规范教师教育机构办学、确保教师教育质量的重要保证。在这方面,教师教育专业化程度相对较高的国家已经积累了许多成熟经验,可供我们借鉴,如教师教育机构的资质认证和评价制度是各国开放型教师教育制度的一个重要组成部分,其中以日本和美国最为典型。[②] 日本教师的职前培养一般由文部省认可的高等教育机构负责,主要是国立教育大学和综合性大学的教育学部或研究生院;师资培养机构的资格标准以及文部省的审定职权,都是通过立法的形式来确认的。美国中小学校的师资培养机构主要是普通高等学校的教育学院或教育系,它们必须得到6个地区性专业组织的认定,合格者由州教育厅颁发合格证书,然后经全美教师教育认可委

---

① 郑百伟.美国教师专业发展标准及其实施研究[J].外国中小学教育,2005(9).

② 华东师范大学课题组.对实施教师教育机构资质认证和评价的思考[J].高等师范教育研究,2003(5).

会(NCATE)认可,才有资格实施教师培养计划。NCATE 是一个民间专业性组织,是经美国中学后教育机构认可委员会授权,并为美国联邦教育部承认的唯一的全国性教师教育专业标准组织,其主要职能是对教师教育机构进行全面评估和鉴定。

(2) 教师教育课程标准。多年来,我国师范类专业的课程设置一直套用综合性大学相近专业的课程模式,学科专业课程所占比重较大,与教育专业课程的比例严重失调。近几年,虽然举办教师教育的高校积极进行教育改革,取得了显著成效,但在教师教育课程方面仍然存在课程结构单一、教学内容陈旧、教学方法枯燥、教学实践环节薄弱,不同程度地脱离实际、脱离学生需要、脱离学术前沿等问题,严重制约着教师教育的质量和效益,迫切需要用《教师教育课程标准》来规范和指导教师教育课程的设置与实施。《教师教育课程标准》是实现教师教育目标的基本保证,是教师教育机构人才培养的指南和衡量教师教育机构教育质量好坏的标准,是确定一定学段的教师教育课程科目、课程结构及课程水平的纲领性文件,规定着教师教育的目标、任务、功能、原则、过程和方法。[①] 我们要通过《教师教育课程标准》的实施,改变教师教育课程强调学科本位、结构单一、缺乏整合的现状;打破几十年不变的"老三门"课程格局;改变课程内容"空、繁、旧",脱离中小学教育生活实际的现状,突出实践性,提高针对性和有效性;改变课程设置与实施中过于偏重理论知识内容的倾向,实现从注重知识向注重求知过程的转变,提倡案例教学、参与式教学;改变教师教育课程的实施局限于大学课堂的现状,紧密结合中小学真实环境实施教师教育课程,在大学与中小学之间建立多种形式的合作伙伴关系等。

(3) 教师教育教师标准。教师专业化的一个简单的逻辑推理是:中小学教师的专业化必然要求从事教师教育的教师首先专业化。如果从事教师教育的教师没有专业化,那么中小学教师的专业化就失去了前提和基础,这是一个不容忽视的前提性问题。美国早在 1992 年就成立了一个旨在制定教师教育教师专业化标准的工作小组,该小组受美国教师教育工作者协会的委托,于 1996 年完成并公布了美国教师教育教师的专业标准。1998 年,在荷兰教师教育教师协会的年会上,教师代表们就教师教育教师标准的制定所涉及的一系列问题进行了广泛的讨论,并形成了教师教育教师标准制

---

① 张传燧.教师教育课程标准:设计与实施[J].湖南师范大学教育科学学报,2005(3).

定的基本框架。1999年,荷兰就教师教育教师标准的制定专门召开了一次研讨会,100多位专家应邀参加了研讨。经过研讨,会议草拟了第一份荷兰教师教育教师的专业标准(草案)。后经过多次修订,在2000年公布实施。① 当前,我国在研究、谈论并致力于教师专业化的过程中,往往更多地指向中小学教师,这未免失之偏颇,迫切需要制定和实施《教师教育教师标准》,从而保证基础教育师资的培养、培训质量,为教师教育事业奠基。

(4)教师教育质量标准。对教师职前培训来说,仅有《教师教育机构资质标准》《教师教育课程标准》和《教师教育教师标准》还不够,我们还要制定《教师教育质量标准》,确定教师培养与培训质量等级标准,规范教师教育行为,监控教师教育的全过程,形成教师教育质量保障机制。

2. 入职

(1)教师入职资格标准。2000年,教育部颁布了《教师资格条例实施办法》,教师资格制度在我国开始全面实施。教师资格制度作为国家对教师实行的特定的职业许可制度,旨在保障教师队伍达到基本的素质要求,对于拓宽教师来源渠道,促进教师专业发展,引导教师教育改革,努力造就高素质专业化的教师队伍,已经产生重大影响,但限于当时的立法背景,加之教师队伍建设的新情况、新要求,我国教师资格制度存在着学历标准要求偏低、教师资格终身有效、缺乏认证的具体标准、认证机制还不够完善等问题,带有一定的行政性和单向性,许多教师都自然获得了不同层次的教师资格证书,真正意义上的教师资格证书制度还没有建立。有学者认为:"面向社会认定教师资格,吸收非师范类优秀人才从事教师工作,打破了师范院校'专营'教师教育的格局,这也是世界教师教育发展的共同趋势,但问题的实质在于'择优上岗',因此'门槛'设置不宜过低,要防止资格认定流于形式。"②因此,我们要加紧制定各级各类教师入职资格标准,对教师入职的道德、身体、心理、基本知识、基本技能等进行明确规定并严格执行。这在教师教育体系开放的现实背景下,显得尤为重要。

(2)教育管理人员入职资格标准。我们在制定教师入职资格标准的同时,不能忽视教育管理人员的入职资格标准问题,教育管理人员也应当有相应的"入职资格标准"。如果校长没有从事过教育工作,未能获得教师资格

---

① 洪成文.师范教育教师的专业化标准:荷兰的案例[J].高等师范教育研究,2003(3).

② 钟启泉.教师"专业化":理念、制度、课题[J].教育研究,2001(12).

证书,我们认为会有问题。那么,如果其他教育管理人员没有相应的管理经验,没有获得相应的资格证书,肯定也是不合适的。正人先正己,教育管理人员不能居高临下单方面管理或"治理"教师。① 在一些发达国家,教育管理人员,尤其是校长除了必须当过教师、具有特定的教师专业资格以外,还必须修习一定学分的教育管理方面的课程,以获得所必需的教育管理方面的资格证书。对于更高级别的教育管理人员,目前国际上还没有建立明确的专业标准,应该说这是一件令人遗憾的事情。将教师专业拓展为教育专业,建立切实可行的教育管理人员入职资格标准将成为教育发展的必然趋势。

需要特别指出的是,在入职资格标准中,除了要对入职人员的品德、学历、能力等进行规定之外,还应考虑选拔对教育职业有兴趣的人进入教育领域,这是因为职业兴趣是人格的重要组成部分之一,对于个体的活动具有巨大的推动力。研究表明,如果一个人对某一工作有兴趣,就能够发挥他全部才能的 80%—90%,并且能较长时间保持高效率而不感到疲劳;对某一工作缺乏兴趣的人,只能发挥其全部才能的 20%—30%。一旦个体对某一职业感兴趣时,就会追求这一职业,并愿意为此付出努力。② 笔者曾对教师的职业兴趣进行过调查,统计数据表明,在被调查的 372 名教师中,只有 12.2%的人是因为喜欢这一职业而选择作了一名教师;如果有其他工作可以选择,有 69.9%的教师会选择离开教师岗位。这是一个应当引起我们高度重视的问题。③

3. 在职

在制定教师教育标准时,我们应当考虑覆盖教师生涯的全过程,不仅应有教师入职标准,而且还应有骨干教师、优秀教师、特级教师等在职教师的专业发展标准,从而真正发挥"标准"对于教师专业发展的引导作用,为教师专业发展提供服务。许多西方国家都将教师专业标准和教师资格证书制度建立在帮助教师不断实现专业化的基础上,都要求教师参加继续教育,不断学习,以更新教师资格证书的方式推进教师教育观念、知识和能力的提升。"制定专业标准既应当建立静态的专业目标,又应当为教师的终身学习提供

---

① 檀传宝.建立教师专业标准应当考虑的三个问题[J].教育科学,2004(2).
② 申继亮.师德心语:教师发展之魂[M].北京:北京师范大学出版社,2006:44.
③ 王传金.教师职业幸福研究:以 C 市的小学教师为例[D].上海:上海师范大学,2008.

制度上的保证。在我国，由于真正意义上的教师资格证书制度还没有建立，后者当然还没有引起太多的关注。"① 目前，我国各地虽然也进行骨干教师、优秀教师和中小学特级教师的评选，但标准参差不齐，随意性较大，缺乏规范和制度，而且选评的结果往往是一种荣誉称号，与教师的职级、待遇等问题脱离，这不利于教师的专业发展。教师职称的评聘也往往侧重工作年限和学历，实际教学水平与业绩没有占有应有的地位。不同水平的教师承担着相同的教学任务，享受相同的待遇，这不利于教师工作积极性与创造性的发挥。制定优秀教师、特级教师标准等，定期进行评选，是必要的，也是符合人道的举措。

（1）优秀教师标准。在已有的教师职称评定的基础上，我们还需要制定不同层次的优秀教师标准，这方面国外也有一些成功的经验。美国教学专业标准委员会自1987年成立以来，积极推进全国性优秀教师认定和相关的教育改革，以提高教师专业化水平。该委员会提出了"五项核心主张"，作为优秀教师评定的基本标准，其中蕴含着"以学生为本""以知识和技能为本""以合作为本"等理念。以此为基础，该委员会制定了严谨的认定标准和工具，执行客观公正的实施办法和评价体系。到目前为止，该委员会已颁布的标准包括基础教育阶段的十几个学科领域，每一个领域又根据学生的发展阶段、教学科目和特殊需要再进一步细分。这种以"业绩为本"的评价强调教师从事教学所需要的知识、技能和专业判断能力，值得我们学习与借鉴。②

（2）特级教师标准。我国的中小学特级教师制度发挥了较好的作用，也产生广泛的社会影响，但在实施过程中也存在一些问题，如没有明确统一的评定标准，各地在执行的过程中往往"委曲求全"，致使特级教师之间的差别很大。有些地区甚至仅仅把特级教师看作一种荣誉称号，没有相应的待遇，更谈不上更高的工作要求，这实际上与特级教师评选的初衷背道而驰，迫切需要制定相关标准和评选程序对此项工作进行规范。

需要说明的是，教师教育标准是一个系统概念，应由多个维度构成一个整体，并互为条件、相互制约。标准是最低的要求和规范，但不是永远的要求和规范，它不是静态的，而是动态的，要随着时代的变化而变化，发展而发展。换言之，教师专业是一个历史文化的概念，教师教育标准也不是一成不变的。

---

①② 袁锐锷，易轶. 试析 NBPTS 优秀教师认定的标准与程序[J]. 比较教育研究，2004(12).

(二) 教师教育标准的运作主体

以上我们探讨了制定教师教育标准的必要性及其维度问题,那么由谁来担当标准制定、审查、执行、监管的运作主体呢?以下是我们的几点建议。

1. 制定主体

在一些发达国家,教师教育标准的制定主体往往是一些专业团体或组织,如美国成立了州际新教师评估援助联合会(INTASC)、国家教师教育鉴定委员会(NCATE)、国家教学专业标准委员会(NBPTS)等专业组织。这些全国性的专业团体或组织,在美国教师教育标准的制定中发挥了积极作用。目前,美国已有三分之一的州成立了相对独立的教师专业化标准委员会,负责研究和制定教师的专业标准。英国在20世纪80年代后开始重视教师专业标准的制定,成立了教师教育资格认定委员会(CATE),制定了与教师资格标准相挂钩的专业标准。[1] 目前,我国已经启动了教师教育有关标准的制定工作,个别标准的制定工作也已完成,但我国教师教育标准的制定是以课题的形式委托一些单位和专家进行的,经费不足,责任不明,况且专家们大多事务缠身,没有更多的时间和精力投入其中,往往只是坐在书斋里"苦思冥想",这样制定出来的标准的科学性和可行性都值得深思。教师教育标准的制定是一项庞大的工程,不仅有较高的科学性要求,而且有更高的可行性要求,涉及国家教师队伍的质量与稳定,因此在教师教育标准的制定中,我们建议借鉴国外的做法,投入充足的经费,成立具有相对独立的专门机构或组织,为每一个领域制定详细的标准和实施办法,有相应的工具书作为指导,有分别负责发展、测试、实施的组织,构建运作规范的工作体系,建立长效机制,以保证标准的科学性与可行性。同时,我们要立足我国的国情,充分考虑标准实施的现实性与可能性,建立灵活多样的教师分级制度,在过渡时期允许标准的多样化和地区性标准的存在。

2. 审查主体

考虑到我国的国情和教师教育标准的重要性,我们建议成立和中小学教材审查委员会相类似的"教师教育标准审查委员会",建立标准审议制度。教师教育标准审查委员会接受国家教育部和国家标准委员会的双重领导,但在标准的科学性把关方面应具有一定的独立性和权威性。专业团体或组

---

[1] 施克灿. 国际教师专业标准的三种模式及启示[J]. 比较教育研究, 2004(12).

织制定的有关标准,经由教师教育标准审查委员会审查通过后,方可提交政府部门颁布实施。

3. 执行主体

在我国现行的教师资格证书制度中,教育行政部门是唯一的认证主体。鉴于这种情况,我们建议在国家和省级教育行政部门中设立履行教师教育标准执行职能的专门机构,由此机构组织有关专业团体,按照有关标准,对教师教育机构资质、教师和教育管理人员入职资格、在职教师的等级等进行动态考核,并对符合标准者颁发相应的证书。我们认为,在我国教师教育标准化的进程中,由政府部门和专业团体共同担当执行主体的设想是符合我国国情的,这是因为目前我国教师的社会地位和各方面的待遇都还不高,教师职业还缺乏足够的吸引力,通过行政和法律手段进行管理是不可缺少的。另外,有关专业团体的组建和发展还需要一个过程,教育行政部门的作用不能消退,它在长期工作中形成的经验还需要继续发挥作用。

4. 监管主体

我们建议由全国人大常委会与国家标准委员会共同担当教师教育标准的监管主体,对教师教育标准的制定和执行情况进行监督和管理。全国人大常委会应加强教师教育工作的法制化、制度化建设,修订和完善《教师法》《教师资格条例》《教师资格条例实施办法》,研制《教师教育条例》等有关法规,为教师教育标准化提供法规保障。国家标准委员会应对教师教育标准的制定和执行情况进行管理,形成教师教育标准的监控机制,进而规范教师培养、培训和考核工作,构建体现教师终身教育的现代教师教育制度。

第五章 课程改革中的观念转变

任何改革的初衷都是美好的,结果也可能是不同程度地实现了最初的目标,但过程无一例外是艰难复杂的,可谓步履维艰,课程改革亦是如此。课程改革的理想要体现为课程实施的具体行为,而课程实施的基本途径是教学,从这个角度讲,教学改革是课程改革的应有之义。教学改革的具体实施者是教师,而每位教师实质上都有其教学观念,犹如每个人都有自己的人生观念一样,正是这种教学观念影响着教学实践活动的方方面面。在课程不断改革的时代,各种教学理论和观点层出不穷,新的经验和问题不断涌现,如何加以思考作出判断,进而选择并确立对教学实践活动最有价值的观念,是摆在我们面前的一个十分重要的问题。既然教学观念对课程改革来说如此重要,在这里我们禁不住要追问:我们对教学观念本身明了多少,教学观念与教学行为的相关性到底如何,教学观念的转变仅仅是口号、要求、培训就可以解决的吗,教学观念向教学行为转变的机制是什么,制约教学观念转变的因素有哪些,如何才能使教师已经具有的课程理念在其教学行为中得到彰显,等等。下面我们将对上述问题进行探讨。

一、教学观念的本体阐释

(一) 教学观念的含义

什么是教学观念?它的内涵和外延是什么?我们常谈耳熟的这个词到底指什么? 为此,我们查阅了国内主要的教育辞书,如董纯才主编的《中国大百科全书·教育卷》(1985年版)、顾明远主编的《教育大辞典》(1990年版)、英文版的《大不列颠百科全书》(1993年版)等,遗憾的是均没有查到"教学观念"词条。不得已,我们只好去查阅"观念"一词的本意。《辞海》(上海辞书出版社,1989年版)对"观念"是这样解释的:"① 看法、思想。思维活动的结果。② 观念(希腊文 idea),通常指思想有时亦指表象或客观事物在人脑里留下的概括的形象,它在西方各派哲学中有不同的含义……"《现代汉语词典》(商务印书馆,1986年版)对"观念"的解释是:"① 思想意识。② 客观事物在人脑里留下的概括的形象(有时指表象)。"从英文词源上看,"idea"来自希腊文,词源上与 vision(视、视觉形象)有关,原意是指"可见的形象"(visible form),中文将它译成观念、理念、形式。

在哲学上,最早使用"观念"这一概念的是古希腊哲学家德谟克利特。在他那里,观念和形式的意义是相同的。他把原子称为不可分的形式,他所说的形式不是关于原子的思想,而是客观存在的本身。他认为,原子作为不可分的形式是感官所不能直接看到的和摸到的,它只是"真理认识"的对象。最早把"观念"当作重要哲学概念来使用的是柏拉图,中文将其著作中的"idea"译作"理念"。柏拉图的理念是指客观的精神存在,他认为各种理念构成一个理念的世界,存在于现象的事物世界之外,但理念处于事物之外,却并非与事物无关,它是个别事物的普遍的本质,个别事物是它的"分有"或模仿。① 由此可见,柏拉图的理念指的是事物的本质和共性,是具体事物所追求的一种理想的标准,是具体事物得以存在的原因。新柏拉图主义者如普罗提诺、基督教神学家如奥古斯丁等,都认为理念是现实世界的模型。

16至18世纪的许多哲学家在心灵的表象意义上使用"观念"一词。笛卡尔把观念分为天赋的、外来的和虚构的三类;洛克反对天赋观念,认为心灵原是一张白纸,心灵的观念来自感觉和反省;莱布尼茨主张观念是作为倾向、禀赋、习性或自然的潜在能力,而天赋在我们心中;巴克莱认为,心中的观念是构成现实事物的本原,事物就是"观念的集合";在黑格尔哲学中,"绝对观念"是客观存在的永恒的精神实体,是整个世界的基础和本质。②

马克思主义哲学是从认识论和历史唯物主义两个维度来认识"观念"这一概念的,正确地解决了物质和意识、存在和思维的关系。在认识论方面,马克思主义哲学认为观念是对客观现实的反映,是客观存在的主观映象。马克思说:"观念的东西不外是移入人脑中改造过的物质的东西而已。"③在这里,马克思着重阐明了观念和物质的关系,说明观念是自然界长期发展进化的产物,是在社会实践中产生的对一般存在的反映。在历史唯物主义方面,马克思主义哲学从社会存在和社会意识、经济基础和上层建筑的相互关系角度来探讨观念的产生和发展的一般规律。马克思说:"人们的观念、观

---

① 翟华,等.观念世界探幽[M].济南:山东文艺出版社,1989:2.
② 中国大百科全书·哲学卷Ⅰ[M].北京:中国大百科全书出版社,1987:265.
③ 马克思.资本论[M].北京:人民出版社,1975:24.

点和概念,一句话,人们的意识,随着人们的生活条件,人们的社会关系,人们的社会存在的改变而改变;精神生产随着物质生产的改造而改造。"①同时,马克思又指出:"虽然物质生活条件是原始的起因,但是这并不排斥思想领域也反过来对这些物质条件起作用。"②也就是说,观念一旦形成,会反过来对人们的物质生活起作用,根据对客观现实的反映为实践创造观念的对象,这种观念的对象通过改造客观物质的实践活动转化为现实的对象,成为现实中不会自然产生的新事物。

由此观之,尽管观念在不同时代的哲学家那里有不同的所指,但他们对其词义本身却有一个相对明确的理解。有学者总结众家之所言,得出了如下的结论:"就其生成特性而言,观念是经验和理论在人们头脑中的积淀;就其生成方式而言,观念是知、情、意的结合与交融;就其功能而言,观念是社会实践中一个具有能动性和实践性的环节;就其特征而言,观念是一种思维形式。一言以蔽之,观念是人类意识长期发展的历史积淀,是人们在实践中所获得的对客观实在的看法、思想及其思维方式。"③

对"观念"内涵与词源的上述梳理,为我们澄清和认识"教学观念"的含义提供了必要的逻辑前提。虽然我们在教育辞书中没有查到"教学观念"这一词条,但在某些学者的论文中我们发现了一些对"教学观念"的界说,如有的学者认为:"教学观念是关于教学的看法和思想,更确切地说,是人们思维教学问题获得的结果。转变教学观念是指转移或改变原先对教学的看法、思想、思维结果。"④也有人认为:"教师的教学观是指教师从实践的经验中逐步形成的对教学的本质和过程的基本看法。"⑤

著名分析教育哲学学者谢弗勒(I. Scheffler)在其著作《教育的语言》一书中探讨了三种定义性陈述:① 规定性定义:指创制的定义,即作者所下的定义。要求被界定的术语在同一著作中始终表示这种被规定了的含义。② 描述性定义:指适当地描述被界说的对象或使用该术语的方法。③ 纲领性定义:指或明或暗地说明"事物应当是什么"。⑥ 我们认为,教学观念的

---

① 马克思恩格斯选集:第1卷[M].北京:人民出版社,1972:270.
② 马克思恩格斯选集:第4卷[M].北京:人民出版社,1972:474.
③ 李君如.观念更新论[M].沈阳:辽宁教育出版社,1988:3-10.
④ 杨启亮.转变教学观念的问题与思考[J].教育科学,2000(2).
⑤ 高凌飚,王晶.教师的教学观:一个重要而崭新的研究领域[J].学科教育,2003(7).
⑥ 瞿葆奎.教育学文集:教育与教育学卷[M].北京:人民教育出版社,1993:31.

定义应当是规定性定义和纲领性定义的综合,这是因为教学是人为和为人的活动,是为未来培养人才的,教学的未来指向性要求我们对教学的看法、认识、思想不能只停留在对教学现实的反映。也就是说,我们思维教学问题获得的结果不仅要反映现实,而且要超越现实,指向未来。因此,对教学"实然状态"的思考和"应然取向"的判断均应是教学观念的应含内容。对教学实然状态的思考是基础,应然取向的判断和选择是目的。有人说,教学观念和教学理念分属两个不同的范畴,教学观念受认识对象"实然状态"的规定与制约,教学理念受认识主体"应然判断"的限制与制约,对此我们不完全赞同。况且,从哲学上来看,观念与理念本同义,只是翻译上的不同。鉴于此,我们认为"教学观念"是人们思考教学问题所获得的结果,它包括对教学"实然"的认识,也包括对教学"应然"的价值判断和选择结果。

(二)教学观念的构成

在新课程改革过程中,关于教师应该树立的教学观念论说很多,可谓琳琅满目、比比皆是。如有学者提出,我们应该树立正确的教学质量效益观、教学价值观、学会观、教学过程观、教学评价观等。① 也有人提出,我们要树立教学系统观念、教学信息观念、教学反馈观念、教学综合发展观念、以学生为主体观念、教学整体优化观念等。② 这其实涉及教学观念的构成问题。其实,早在研究观念之初,许多哲学家就注意到观念不是各自孤立存在的。柏拉图认为,每一种具体事物都有单一的观念,无数个观念总是有秩序地排列成一个观念整体。洛克认为,观念有简单观念和复杂观念之分,复杂观念是由若干简单观念结合而成的。唯心主义经验论哲学家休谟也认为,复杂观念是由简单观念结合而成的,并专门研究了观念间的联结问题。尽管这些研究有的是主观猜测,有的仅仅把观念的结合看作是机械的观念数量相加,但有一个共同点:他们都注意到了观念间的联系,认为这种联系可以构成一个观念的世界。这实际上是一个观念结构的问题。我们认为,教学观念也如同其他观念一样,是以若干单个观念相互联系的形式存在的,并且这种联系是内在的有机联系,而不是单个观念的简单相加。这些单个观念纵横交错、有机联系、相互作用,就形成了教学观念系统。那些纵向联系的观

---

① 田慧生.关于进一步更新教学观念的几点思考[J].人民教育,2005(9).
② 王宪桂.现代教学新观念探讨[J].徐州师范学院学报(哲学社会科学版),1994(1).

念具有上下位的区别,那些横向联系的观念则处于同一平面,是并列的。因此,我们可以从不同的角度出发,去剖析教师教学观念的结构。

1. 从教学观念的主体角度剖析

我们可将教学观念分为个体教学观念和群体教学观念。个体教学观念是指个人对教学的思想认识,它源于个人独特的教学经历,是个体教学实践的产物。世界上没有两片完全相同的树叶,每位教师都有自己独特的教学个性。复杂多样的社会环境与教学实践作用于无限多样的教师个体,从而产生了无限多样的个体教学观念。群体教学观念是多种多样的个体教学观念的化合物,是教学共同体的共有教学观念,它是群体共同教学经历的反映,为维持一定的教学关系和教学秩序服务。另外,个体教学观念和群体教学观念是紧密相连的:个体教学观念尽管有其特殊性,但总属于一定的群体教学观念;同样,群体教学观念也离不开个体教学观念,群体教学观念总是存在于个体教学观念之中的。二者是我中有你,你中有我。同时,个体教学观念和群体教学观念还是可以相互转化的,一方面,个体教学观念总是在一定的群体教学观念的影响、熏陶下形成的;另一方面,个体教学观念一旦为群体所接受,也就成了群体的教学观念。

2. 从教学观念的内容角度剖析

我们可以将教学观念分为教学本质观、教学价值观、教学过程观、教学交往观、教学方法观、学生观、知识观、教学评价观、自我教学发展观等几部分。我们认为,教学本质观、教学价值观、教学交往观和教学评价观是较为重要的几个方面,这是因为:教师对教学本质的认识,所持的教学本质观将会影响其教学行为的科学性,是其教学实践活动科学性的自我评判标准;在教学活动中,教师是实现社会价值和学生价值的主导,其教学价值观在总体上支配着教学过程的设计和教学效果的评价,是其教学实践活动人文性的自我评判标准;无论是从传递知识的角度,还是从促进学生个体社会化和个性发展的角度,教学交往都发挥着重要的作用,而教师在教学交往中起着主导作用,集策划者、组织者、调整者和评价者的角色于一身,其教学交往观会影响教学交往的质量,进而关涉到教学的成败;教学评价是教学过程中的重要一环,教师的教学评价观及其相应的教学行为在教学活动中发挥着诊断、导向、激励等诸多功能。

(三) 教学观念的特点

教学观念除了具有自己的特殊结构外,还有着自己内容和形式上的一

些特点。我们认为,教学观念的特点主要有:

1. 客观性

就其生成来说,教学观念是教学中客观存在的事物在人们头脑中的反映,客观存在是其产生的源泉。就其内容来说,教学观念也是客观的,正确的教学观念是人们对教学的正确反映,错误的教学观念是人们对教学的歪曲、虚幻反映。教学观念中的情感和个性因素,也不会是纯主观自生的,也会在教学现实中找到其根源。

2. 先在性

尽管教学观念具有客观性,但它要通过主观的形式表现出来,要表现为类似先验形式的构架模式。人们在形成和发展其教学观念的过程中,不仅研究教学现实,而且利用和借鉴前人对教学的理解所形成的思想,作为其认识教学、从事教学实践的理论依据。也就是说,在理解当前教学活动之前,我们头脑中并非空无一物,而是已经有了一个"观念框架",类似于海德格尔所说的"前有""前见"和"前设","前有"就是理解之前先已具有的东西,包括主体所处的社会环境、历史情况、文化背景、传统观念、物质条件等;"前见"就是理解之前的见解,即成见;"前设"就是理解之前具有的假设。从这个角度来说,教学观念具有先在性。

3. 稳定性

教学观念一旦形成,就具有一定的稳定性,表现为人们有时对新出现的教学观念从主观上不愿意去理解,仍然坚守原有的观念;有时用原有的观念对新观念进行"削足适履";有时用老办法处理新问题等。这种稳定性如果渗透于对先进教学理论的掌握、对新出现问题的解决之中,就会表现为锐意改革的坚定性,而这种稳定性如果同落后的教学观念融合在一起,就会表现为顽固性,影响教学的发展,正如马克思所说:"一切已死的先辈的传统,像梦魇一样纠缠着活人的头脑。"[①]

4. 前瞻性

通过吸取先进的教学理论、分析教学现实,人们完全有可能树立起超越教学现实的先进观念。从这个角度来说,教学观念又具有前瞻性。

---

① 马克思恩格斯选集:第1卷[M].北京:人民出版社,1972:603.

5. 历史性

教学观念不是生来俱有的,也不会永远不变,它将随着教学的发展而发展,随着教学的变化而变化。正如黑格尔所说,观念并不是一尊不动的石像,而是生命洋溢,犹如一道洪流,离开它的源头愈远,它就膨胀得愈大。①

6. 关联性

从系统论的观点来看,教学观念是一个系统,这个系统由教学观念群组成。在教学观念群中,每一个观念都与其他的观念相互关联,织成纵横交错的观念网。同时,个体的教学观念也会与群体的教学观念相互关联,形成具有群体特色的观念模式。另外,教学观念还可以跨越国界,与其他国家的教学观念相互关联,形成国际性的教学观念潮流。因此我们说,教学观念又具有关联性。

二、教学观念的演进脉络

教学观念具有历史性,它随着社会政治、经济、文化与教学实践的变化而变化、发展而发展。因此,不同时代的教学观念都不可避免地带有时代的烙印,具有不同的特点。按一般历史学的分期,中国历史的古代和近代是以1840年鸦片战争为分界,近代和现代以五四运动为分界。但教学观念的历史演进具有一定的独立性,与历史分期并非完全吻合,比如,古代史比古代教学观念发展史长得无法比拟,古代教学观念的发展也并非完全终结于1840年,而是延续到了20世纪初。因此,我们不以传统的历史分期为界,而以教学观念的主要特征为线索,描绘教师教学观念的历史演进脉络。

(一) 儒家教学思想主导时期的教学观念

儒家教学思想发端于春秋战国时期,在其演进过程中,经历了正统地位的确立、反思与深化、维系与重振、复苏与衰落等几个阶段。从春秋战国到20世纪初,在中国教育大舞台上,虽然也曾出现过非儒、排儒的现象,但儒家教育的统治地位并没有因此而动摇,儒家教学思想一直深深根植于广大教师的头脑中。概括起来,这一时期的教学观念有以下主要特点:

1. 单一化的教学功能观

教学的功能是多方面的,如政治功能、经济功能、文化功能、育人功能

---

① 黑格尔.哲学史讲演录:第1卷[M].北京:商务印书馆,1960:8.

等。但在儒家教学思想占主导地位时期,教学的功能显得十分单一,即政治功能突出,其他功能萎缩。夏朝时已有学校;商和西周时,学校设在官府,专门培养统治人才,只收贵胄子弟,庶民和奴隶子弟被拒于学校之外,教学的单一政治功能已经凸现。到了封建社会,我国形成了政治、经济、文化三位一体的结构和一体化功能的超稳定系统,文化教育的一切方面都紧紧围绕政治中心而运转,教学的单一政治功能得到了强化。这样,教学变成了统治阶级维护其社会地位和社会秩序的政治工具,削弱了教学为社会生产服务等其他功能。这必然对教学行为产生极大的影响,促使单一化教学功能观的形成与持续。教育家孔子就非常轻视生产知识技能的教学,把请学稼圃的樊迟斥为"小人"。在这一时期,虽然也有人注意到生产技能教学的重要性,但由于这一教学观念不能与当时的政治、经济相适应并构成一体化结构,因而孤掌难鸣,终不能成气候。

2. 仕途化的教学目的观

早在商周时期,学校便与官府结下了不解之缘,学与仕不分,吏与师亦不分。到春秋时期,私学产生,其教学目的也是为统治阶级培养治术人才。孔子也认为教学的目的是养"士",他曾说:"学而优则仕","学也,禄在其中矣"。相传宋真宗时期,有一篇《劝学文》这样写道:读,读,读!书中自有千钟粟;读,读,读!书中自有黄金屋;读,读,读!书中自有颜如玉。这一口诀正是对我国传统教学目的观的形象描述。到隋朝始创科举制后,仕途化的教学目的观愈演愈烈,教师为学生"中举"而殚精竭虑,学生为"中举"而皓首穷经。此种仕途化的教学目的观一直持续到清末。

3. 经学化的教学内容观

儒家教学思想在教学内容上的最大特点是"经学化","四书"和"五经"是其经典教材。汉武帝时,推行"罢黜百家、独尊儒术"的政策,太学的基本教材是"五经"。东汉末年,蔡邕校订了《熹平石经》,统一了教材文字;郑玄为儒家经典作了较权威的注释,使儒家教材更加统一和规范。唐代,孔颖达编订的《五经正义》被视为标准教材,在全国推行。到宋代,朱熹编订《大学》《中庸》《论语》《孟子》,合称"四书",与"五经"并列,成了当时教学的主要内容。元代的科举考试亦从"四书"出题,并以朱熹的《四书章句集注》为范本。明代的科举考试内容也取自"四书"和"五经",且"体用排偶,谓之八股"。在此社会大背景下,逐渐形成了经学化的教学内容观,教师讲"经书",学生背

"经书"成了教学的主旋律。①

4. 灌注式的教学方法观

谁也不会否认,孔子的启发式教学、《学记》中所提倡的问答式教学、宋代书院所用的自学与讲习相结合的教学等,直到今天看来仍未过时。但这些可贵的教学方法思想在当时并没有得到广泛流传,一以贯之并始终占主导地位的教学方法是与科举取士制度相适应的灌注式教学方法。教师向学生灌注"经典",而不管学生是否理解其义,只要求学生死记硬背之。

5. 个别化的教学组织形式观

原始社会,人们利用口耳相传的方式传授生活知识和劳动技能,还没有真正意义上的教师职业出现。到奴隶社会,社会生产力比原始社会前进了一大步,出现了脑力劳动和体力劳动的分工与对立,教育从社会生活和生产劳动中分离出来,出现了专门的教育机构,出现了真正意义上的教师职业。在这以后漫长的岁月里,教师们一直采用个别教学形式,其主要特征是学生的学业年限、学习时间不定,教学不分年级、不分学科。

6. 父子化的师生观

中国有句古训,曰:"一日为师,终身为父",这是儒家教学思想师生观的真实写照。几千年来,教师们秉承古训,不折不扣地行使着传统所赋予他们的父辈权威,神色威严地驰骋于教学领域。"戒尺"与"教鞭"成了其行使权力、鞭笞违规学生的工具。学生拜师要行大礼、奉见面礼。当然,"师徒如父子"也蕴含着亲情关系,意味着责任、义务和呵护,但这些合理成分被森严的辈分关系所湮没,浮出表面、见之于教学行为的则是教师的绝对权威与学生的唯命是从。

儒家教学思想占主导地位时期,教学观念在传承文明、灌注仁义思想等方面确实起了许多积极的作用,有许多观念至今仍具有现实意义,但也给中华民族带来了两个不得不承认的发展中的问题:一是创新精神萎缩,科学逐渐落后。中国的四大发明对世界作出了巨大贡献,但严格来讲,这是技术而不是科学,"从科技史中可以看出,在十七世纪以前,中国的技术发展同西方相比,毫不逊色;然而谈到科学就不那么令人乐观了。中国漫长的封建社会,自然科学始终不发达,直到十九世纪为止,中国思想史上从来没有出现

---

① 李定仁.教学思想发展史略[M].西宁:青海人民出版社,1993:150.

一次科学革命"①。而西方的科学在古希腊时代就已明显超过中国。15世纪后,西方的科学和技术突飞猛进,而中国却步履蹒跚,被西方远远地抛在后面。二是重名轻利,经济发展落后。早在春秋时期,孔子就曾说过:"君子喻于义,小人喻于利。"后来,孟子又提出了"大人者,惟义所在,何必言利"的观点。中国教师重名义而轻利益的教学观由此而生,而后又被进一步"发扬光大"。这种重名轻利的教学观念和传统的伦理准则相吻合,有助于学生形成关心他人、关心集体、报效国家的至善信念,也有利于国家的团结与统一,但同时也使学生把读书与做官相联系,把读书、做官、光宗耀祖视为人生的三部曲。直到今日,仍有人热衷于从政,把官职的高低与个人能力联系在一起。相比之下,正当的物质利益却被当成了一种丑恶的东西,但追求物质利益毕竟是人类生产的驱动力,如过分地排斥物质利益,则会压抑人的积极性和主动性。在重名义、轻利益的教学观念主导下,教师为社会培养了一批又一批仕途人士,而视科技为"奇技淫巧",从某种程度上导致了社会经济发展的落后。当然造成以上后果的原因是多方面的。

(二)西方教学观念的涌入

西方列强借助坚船利炮进入中国之后,随其进入国门的还有西方资产阶级的教学思想,致使我国的教学观念呈现出动荡、冲突、西化的局面,尤以赫尔巴特和杜威的教学思想对我国教师的教学观念影响最大。

第一,由于地域、文字等原因,当时我国留日的学生较多,学习日文的人也多,因此译自日本的教育著作最多,赫尔巴特学派的教学思想最初也是由日本传入我国的。瞿葆奎先生认为,那时我国翻译及编著的教育类著作"无不中介于日本的教育学,但就实质而言,这个时期引进的主要是赫尔巴特及其学派的教育学"②。赫尔巴特及其学派的教育思想被引入国内以后,各师范学堂均以此为蓝本开设了教育学课程,对我国的教学观念产生了空前的影响。其"五段教学法"被我国教师视为一种新的技巧,加以照搬照用,给教学方法领域吹来了一股强劲的域外之风。另外,赫尔巴特的教学思想是建立在伦理学和心理学基础之上的,其教学方法论亦是以心理学为基础建立的。仿袭赫尔巴特,从此我国在观念上也开始关注心理学在教学中的应用,教学观念迎来了一个冲突、仿袭、西化的新时期,改变了过去儒家教学思想

---

① 翟华,等.观念世界探幽[M].济南:山东文艺出版社,1989:114.
② 瞿葆奎.中国教育学百年:上[J].教育研究,1998(12).

一统天下的局面。

第二,杜威的教育思想早在20世纪初就开始在我国传播了。在杜威来华讲学前,蔡元培先生就多次谈到杜威的教育思想,当时我国的一些报刊对杜威的教育思想也已介绍。1919年,杜威应邀来华讲学,其教育思想得到了广泛传播。杜威的教育思想对我国的教学理论研究与教学实践都产生了很大的影响,其"教育即生活,学校即社会,从做中学"被广大教师视为"至理名言",被写在许多中小学的墙上,引起了我国教师教学观念的又一次革命。

这一时期,我国的教学观念深受西方资产阶级教育思想和国内半殖民地、半封建社会现实的影响,在许多方面都有很大的变化。在教学目的观上,有反帝反封的性质;在教学内容观上,科学技术知识逐渐占主导地位,"四书五经"退居其次;在教学方法观上,"灌注式"方法不再"独领风骚","五段教学法"及"问题教学法"渐入课堂;在教学组织形式观上,有条件的地方逐步采用班级授课制;在师生观上,出现了民主、平等的新气象;等等。从某种意义上来说,这一时期是我国教学观念史上的第一次革命,对我国教学的影响是深远的,具有承前启后、继往开来的划时代意义。

(三) 前苏联教学观念的影响

继赫尔巴特、杜威之后,对我国教学观念产生较大影响的是以前苏联教育学家凯洛夫为代表的教学思想。

第一,早在1945年,毛泽东同志就曾说过:"苏联创造的新文化,应当成为我们建设人民新文化的范例。"①中华人民共和国成立前,东北地区就开始"学习苏联",《东北教育》等刊物开始译介苏联的教育理论。中华人民共和国成立后,刘少奇同志多次指出要"以俄为师",他曾说:"苏联有许多世界上都没有的完全新的科学知识,我们只有从苏联才能学到这些知识,例如经济学、银行学、财政学、商业学、教育学等等。"②随后,教育界迅速掀起了学苏热潮,邀请了许多原苏联教育专家来华讲学,翻译了许多原苏联的教育著作,凯洛夫主编的《教育学》被奉为"经典"。后来,虽然中苏关系破裂了,但由于具有中国特色的教学理论研究进展缓慢,原苏联教学思想对我国教学观念的影响并没有随着中苏关系的破裂而终止,而持续到了十一届三中全会前,至今仍然产生着影响。

---

① 毛泽东选集:第3卷[M].北京:人民出版社,1953:1084.
② 转引自瞿葆奎.中国教育学百年:中[J].教育研究,1999(1).

第二，这一时期，教学观念的最大特点是马列主义毛泽东思想成为广大教师认识教学问题的理论指南。在"以俄为师"的时代背景下，原苏联的教育著作被教育界译介过来，而以凯洛夫主编的《教育学》为代表的原苏联教育著作是以马列主义的思想和认识路线为指导思想而编写出来的。因此，这一时期，我国对教学问题的认识是以马列主义毛泽东思想为理论指南的，形成了以马列主义毛泽东思想为指导的教学观念体系。这一方面使教师认识教学问题、解决教学问题有了科学的指导思想，促进了教学观念科学化的进程。另一方面也使教学观念蒙上了重重的政治色彩，使教师逐渐养成了一切行动按行政命令行事的思维习惯。这一时期，我国教学观念的另一个特点是波动性大，教学实践随着政治形势的变化而一波三折，失去了其相对独立的地位。政治形势的变化，对同一教学理论一时"大褒"、一时"大贬"的宣传导向，使教学观念随之波动，出现了盲从或无所适从的现象。也正是在这"摇摇摆摆"之中，我们开始思考中国教学何去何从的问题，开始了教学"中国化"的艰难探索。

（四）当下教学观念检视

时代发展到今天，伴随着祖国改革开放的步伐和经济社会的快速发展，我国的教学观念发生了重大变化，呈现出了令人振奋的景象。由于理论界对目前教学观念的"应然"论述较多，因此我们不再对现阶段正确的教学观念进行评说，只剖析几种错误的教学观念，以此言明教学观念转变的必要性与必然性。

第一，教学应有的价值是它的物质价值、精神价值和人的价值，这三个方面互为前提，相互补充，不可有所偏废，而教学的物质价值、精神价值最终是为了促成人的价值的实现，因此使学生掌握一定的知识技能并获得身心各方面的良好发展应该是教学工作的根本目的。[1] 然而，在现实的教学世界里，有些教师将"应试"视为教学的最终目的，在其教学观念中占主导地位的是"统考名次""升学率""升入名牌大学的学生人数"等一系列与考试相关的概念。教学与升学本来并不是一对矛盾，考试也是教学评价的主要手段，但将教学应试化，将应试和升学率视为教学的最终目的，显然是错误的。应试化的教学目的观无疑会导致教学行为偏重应试，而放松对学生全面素质的培养；会导致教学面向少数"尖子学生"，而冷落大多数学生；会导致教师

---

[1] 唐文中.教学论[M].哈尔滨：黑龙江教育出版社，1990：32.

教知识、学生背知识、考试考知识的恶性循环的产生,而忽视对学生非认知因素的开发与培养。这样,教与学均成了工具,染上了强烈的功利色彩,导致教学"异化"现象的出现与存在,这有悖于教学目的,也无法适应当今时代对人才培养的要求。

第二,十几年来,我国对各级各类学校的课程设置、课程标准进行了多次调整和改革,总体上不断趋于完善。当然,这种改革和调整是永远没有止境的。但是,教学内容只是实现教学目的的工具和媒介,它不会自主地发挥作用,而要靠教师来消化、处理、控制和调节。教师对教学内容的这种"处理"可能出现三种情况:一种是使教学内容更适合学生的实际情况,更有利于学生的学习,从而更好地为实现教学目的而服务;一种是"照本宣科",教材上有什么讲什么,基本上未"处理";一种是教师对教学内容的处理偏离了教材编写的主旨,导致教学内容在被传授过程中的"失真"。教师对教学内容处理"失真",可能由于教师水平有限,无法驾驭教材,也可能是因为教师为了达到不正确的教学目的,而擅自"为己所用"。在应试化教学目的观的主导下,教师对教材处理"失真"的现象比较严重。也就是说,许多教师用"考试"这根指挥棒将教学内容"分解",将与考试有关的教学内容划在"圈内",其他的均被定在"圈外",并且不允许学生涉足"圈外"。突出的表现是智育(严格地说是"知育")仿佛是"五岳之尊"的泰山,被推上了至高无上的"五育之尊"的位置。强大的"智育"之势将其他诸育排挤在被人遗忘的角落,语、数、外等所谓重点学科的教师理直气壮地占用其他诸育的时间,甚至学生的休息时间给学生补课,一而再、再而三地强调考试重点。从某种程度上说,这种教学内容观导致了学生的片面发展,出现了一系列的问题。这与许多成功的教学经验也是相悖的,如苏霍姆林斯基每逢教学重点、难点,总是预先给学生大量的相关课外读物让学生阅读,使学生的求知欲被激发出来,使他们事先了解许多相关科学知识,到了课堂上对重点、难点一听就明白。在国际上,课外读物的功能越来越受到重视,美国、日本和欧洲一些国家规定中学生读的书,几乎囊括了本国及世界上所有有影响力的经典著作。俄罗斯教育部也规定中学生每年要读60本有关政治、文艺、科学技术方面的书籍。

第三,灌注式教学方法在我国有悠久的历史,至今仍然存在于教学实践之中。正如日本东京都立大学的小泽有作在《中国的教育情况》一文中所指出的那样:"通过实际观察,使我感到,现实是学校把孩子们圈起来,在学校中以填鸭式教育和死记硬背为主。"①这一判断基本合乎我国的教学实际。灌注式教学方法观必然会导致教师在教学实践中重注入、轻启发,重知识讲授、轻技能培养,重机械重复、轻方法指导。这样,教师将学生视为知识的容器,不顾学生的接受能力,不管学生的学习积极性,而一味向学生灌注知识,让学生死记硬背,致使学生的身心不能得到正常发展。

第四,教学作为一种在学校环境中,依据课程标准所规定的目标、内容、进程,对学生实施的有计划、有组织的教育活动,总有其目的指向,总有其实际结果。教学的目的是否达到,教学的实际结果如何,需要进行客观的评价。客观性、系统性应是教学评价追求的目标,这样才能有效地发挥教学评价的导向、诊断和激励功能。对学生来说,教师是其日常学习活动的评价主体,教师的教学评价会对学生的学习及其他各方面的发展产生重大影响。这就要求教师要有客观、系统的教学评价观,既要评价学生对知识的掌握情况,也要测评学生能力转化程度;既要评价学生智力因素的发展,也要评价学生非智力因素的发展;等等。令人遗憾的是,许多教师在应试教育的压力下,教学评价走向了片面和主观随意,表现在注重评价学生的学习结果,而忽视评价其学习过程;注重评价学生对知识的掌握程度,而忽视评价其非智力因素的发展;专注于教学评价的区分、筛选功能,使其导向、激励功能走向"异化";专注于对学生的评价,而缺少"自评"。这样,粗见、偏见、成见与浅见充斥于教学评价领域,而相对缺少了客观、公正、全面与系统。

当然,致使上述错误教学观念产生的原因是多方面的,将责任全部推到教师身上是不公允的。但教师也不能只是一味地抱怨考试制度及教师评价制度等因素对其教学观念与教学行为的影响,从而推卸自己的责任。在大力推行素质教育的今天,转变教学观念,进而实现教学实践的转变,是广大教师的应然选择。世界不是一成不变的事物的集合体,而是所有过程的集合体,教学观念也总是处于变化与发展之中,有其相对独立的演进过程。在其演进过程中,不可避免地伴随着正确与错误、传统与现代的冲突与整合,也正是这种矛盾运动推动着教学观念的变化与发展。

三、教学观念与教学行为的关系

为了转变教学观念,扎实推进课程改革,我们煞费苦心,政府领导会议强调、学者撰文倡导,于是乎在报纸杂志、学术著作、政府文件、领导讲话中,

---

① 孙孔懿.教育失误论[M].南京:江苏教育出版社,1997:105.

我们常常可以听到类似这样的话,"任何改革都要以观念的变革为先导,课程改革要从变革观念开始";"教学观念的转变是先导,没有观念的转变就没有行动的改变";"我们希望进入新课程的教师能联系自己的教学实际,树立新的教学观";等等。这样的话语频繁出现在政府文件、学术著作中,类似的工作口号也比比皆是,国家、省、市等各级教师培训也在如火如荼地进行着,均在致力于促进教学观念和教学行为的转变,但表面的繁荣与热闹不能证明观念上的真正转变,更不意味着实践上确有成效。例如,虽然多数中小学教师已经掌握了新课程的基本理念,但考察现实中的教学行为,实际的情况却不容乐观,新课程的基本理念并没有有效转化为教师的教学行为,导致的结果就是大家都比较清楚的"穿新鞋走老路"现象的出现。这种现象虽然不能代表全局,但确实在一定程度上存在,教学观念的表面繁荣掩饰不了新旧教学行为并存的事实。因此,我们有必要对教学观念与教学行为之间的关系进行深入探讨,检视教学观念的研究力度与成果是否与教学观念的重要性相匹配等问题。

(一) 教学观念与教学行为的关联性

关于人的行为与其思想观念的关系,马克思有一著名论断,他说:"最蹩脚的建筑师从一开始就比最灵巧的蜜蜂高明的地方,是他用蜂蜡建筑蜂房之前,已经在自己的头脑中把它建成了。劳动过程结束时得到的结果,在这个过程开始时就已经在劳动者的表象中存在着,即已经观念地存在着。"[1]法兰克福学派左翼代表人物马尔库塞也持有类似的观点,他认为:观念和文化的东西是不能改变世界的,但它可以改变人,而人是能够改变世界的。[2]现代心理科学也认为,人的行为并不是简单的S-R的过程。人在对刺激作出反应之前,有一个评价和选择的过程。也就是说,在刺激与反应之间有一个中间变量。在教学过程中,这一中间变量是教师所信奉的教学观念。受上述观点的影响,长期以来我们普遍认为:教学观念与教学行为之间存在极大的正相关,教师的教学行为受其教学观念的影响和支配,教师往往是根据其所具有的教学观念作出一定的判断和决策,进而彰显在其教学行为之中。持这种观点的学者认为,教学观念与教学行为之间之所以存在如此大的一致性,是因为观念是行为的内在依据,行为是观念的外部表现。也正因

---

[1] 马克思恩格斯全集:第23卷[M].北京:人民出版社,1956:202.
[2] 翟华,等.观念世界探幽[M].济南:山东文艺出版社,1989:1.

为如此,在新课程改革的过程中,我们投入大量的人力、物力,进行国家、地方、学校等多种层次的教师培训,试图以此来促进教学观念向教学行为的转化。

也有学者认为,教学观念与教学行为之间并不存在显著相关关系,教学观念在教师作出判断、决策和采取一定的教学行为中所起的作用是微弱的。教师在很多时候是依据个人的经验、直觉甚至冲动来进行相应的教学实践的。持这种观点的学者认为,教学观念与教学实践之间之所以存在差异是因为影响教学行为的因素有很多,如教师的个性、能力、经验、学生特征、师生关系、课堂情境等。教师在决定其所要采取的教学行为时,是受主客观多种因素的综合影响,教学观念只是其中起主要作用的因素之一。[1]

其实,教学观念与教学行为之间并非是一一对应的关系,二者之间存在一致性,也存在差异性,对二者之间的关系可从以下几方面去理解:教学观念与教学行为并不是两个孤立的存在,应该是也必须是相互联系和结合的;虽然教学观念和教学行为之间是彼此联系的、相互影响的,但并非是简单的此决定彼的关系;教学观念的水平和层次不同,对教学行为的影响程度也不同。对教师而言,教学观念只有转化为教学行为,才可能真正发挥观念的价值与功能,作用于学生的发展,否则只是无实际指导意义的理论口号。同时,教学观念有先进与落后之分,先进的教学观念是相对于落后的教学观念而言的,而落后的教学观念是指那些旧的、保守的、不正确的教学观念。教学观念向教学行为转变的前提条件之一是落后教学观念的退出以及先进教学观念的确立。教学行为应以正确的教学观念为指导,这样才不至于盲目,才能提高教学行为的科学性,更好地促进学生的发展。先进的教学观念所带来的正效能主要表现为以下三个方面。

第一,先导功能。综观教育史,古今中外每次重大的教学改革都是以教学观念的变革为先导的,如美国"进步教育"运动中的教学改革是以实用主义的教学观念为先导的;20世纪50年代末至60年代,美国出现的声势浩大的教学改革是以结构主义教学观念变革为先导的。五四运动时期,我国所进行的教学改革是以五四运动所带来的思想变革为先导的;新中国成立初期,我国所进行的教学改革是在"民族的、科学的、大众的文化教育"方针指导下进行的。

第二,中介功能。教学理论能够为人们提供关于教学的各种知识,使我

---

[1] 庞丽娟,叶子.论教师教育观念与教育行为的关系[J].教育研究,2000(7).

们对教学的本质、规律有所理解和把握,进而纠正错误的教学认识,确立正确的教学观念。这种正确的教学观念又会促进教学实践的反思与改革,使教学观念经受教学实践的检验,并在教学实践中得到发展和完善,其结果又会反馈到教学观念之中,进而又会影响到教学理论的革新与发展。也就是说,在教学理论与教学实践间的循环往复运动中,教学观念发挥着中介作用。

第三,统整功能。影响教学行为的因素很多,如教学目的、教学内容、教学方法、教学组织形式、学生、教学物质条件等,教师需要以其教学观念为主导对这些因素进行统整,进而表现为教学行为,如图3所示。

$$教学中诸因素 \xrightarrow[\text{统整}]{\text{教师教学观念}} 教师的教学行为$$

图 3　统整功能

总之,教学观念与教学行为之间存在一致的可能,教学观念向教学行为的转变具有必然性,但这一转变是以教师用其教学观念统整教学中的诸多因素为前提的。

(二)教学观念向教学行为转化的研究

从上述分析中我们不难看出,在课程改革中,教学观念向教学行为的转化问题是一个十分重要的问题,也是一个比我们想象得要复杂很多的问题,值得深入研究,需要继续研究。遗憾的是,我们发现国内与此相关的研究成果与其重要性不相匹配,表现为关于教学观念的元研究比较少,缺乏类和层次的区分,对教学观念转变的变量不够明晰等。基于此,我们反思一下教学观念向教学行为转化研究中存在的一些问题,对未来的研究谈几点想法,也许是必要的而不是多余的。

1. 问题检视

我们认为,当前关于教学观念的研究至少存在以下几方面的问题,需要引起我们的重视。

(1)概念使用混乱。概念使用混乱不仅表现为教育观念和教学观念常常被交织在一起使用,视教育观念为教学观念,而且在教学观念、教学信念、教学理念等概念的区分上也没有达成共识。学者们往往是在对教育观念的论说中表达他们对教学观念的看法,教学观念研究还没有从教育观念研究中独立出来,拥有自身独立的研究范域。概念的规范使用是构建理论逻辑体系的前提,也是理论相互通约的基础,在这方面迫切需要规范与约定。

(2)内容过于庞杂。在新一轮基础教育课程改革的背景下,关于教师应该树立的教学观念"花样百出",现代的、后现代的、国内的、国外的纷至沓来,让人目不暇接、耳满为患。往往是教师对其中一个旧观念还没有完全理解和接受,新的观念又出现,教师的头脑变成了"各种教学观念厮杀"的战场,致使许多教师晕头转向,无所适从,并且学究化语言、学院式话语弥漫,让教师望而生畏、不得其解。但仔细考察这些新的时髦名词,很多并无新的内涵,只不过贴上了新的"标签"罢了,表面繁荣热闹的假象和名词翻新并不能说明我们真正取得了创新和进步。现代教学观念的要义是什么?教学观念结构的核心要素是什么?教学观念表述的简约性何在?教师的时间和精力是有限的,学校与学校之间、教师与教师之间的差异也是明显的,地区差异自不待言,我们应更多地研究教学观念的层次性、合理性、科学性、本土化及其简约性、通俗化表述。

(3)机制不甚明了。我们对教学观念形成和转变的过程重视不够,没有进行深入系统研究,一些相关成果多散见于哲学、心理学领域。诚然,观念形成与转变的本体研究是社会学、哲学、心理学的重任,但其研究成果只是教学观念研究的理论基础之一,我们不能仅仅对其进行简单的移植和嫁接,而要对共性研究成果进行个性化和特殊化延伸。在这种情况下,我们不禁要问:当前教师培养和培训的前提理论假设是什么?教学观念的形成和转变,特别是教学观念向教学行为的彰显仅仅靠理论灌输就可以解决吗?如何对确实存在的教学观念与教学行为的背离现象进行解释?对这些问题的回答仁者见仁,智者见智,似乎人人都可以说上几句,但依据是什么?对教学观念形成与转变的机制不甚明了,自然导致教师培养与培训工作中过多的想当然和过浓的经验主义色彩,我们致力于教学观念与教学行为转变的努力也就失去了理论前提,变成了一厢情愿的"单相思"。因此,我们不能仅仅从应然的角度对教师提出这样或那样的要求,还应着力研究教学观念形成与转变的内在机制和支持性条件,进而改进当前的教师培养与培训工作。

(4)惯性估计不足。当教师面对新的教学观念时,头脑中并非空无一物,而是已经有了一个"教学观念结构",类似于海德格尔所说的"前有""前见"和"前设"。这种已有的"教学观念结构"具有一定的惯性,表现为教师有时对新出现的教学观念,从主观上不愿意去理解,仍然坚守原有的观念;有时用原有观念对新观念进行"削足适履";有时用老办法处理新问题等。这种惯性如果同落后的教学观念融合在一起,就会表现为顽固性,影响教学观念的转变。从发生认识论的角度来看,教学经验会促使教学观念图式的形成,但这种图式有可能变成"习惯图式",而"习惯图式"具有一定的惯性和惰性。在一定时间内,习惯图式的惯性和惰性会使新教学观念的融入变得异常困难,教学观念的转变也就会暂时搁浅。在这种情况下,新教学观念必须有足够的力量冲破"习惯图式",才能完成观念的转变。翻开教育史,正确的教学观念得不到教师群体和社会认可,而错误的教学观念统治教师头脑几十年甚至几百年的例子比比皆是。在基础教育课程改革实践中,我们有时过于理想化,过多地从应然的角度出发对教师提出要求,而对传统教学观念的惯性估计不足,以至于出现了这样或那样的问题。当然,传统的不一定就是错误的,现代的也不一定就是正确的。

(5) 缺乏实证研究。到目前为止,笔者还没有检索到国内关于教学观念转变的过程及其制约因素、教学观念与教学行为的相关性等问题的实证研究成果,只检索到少量从心理学角度对教育观念进行实证研究的论文。固然,教育观念的实证研究成果有助于我们认识教学观念与教学行为的关系,但教学观念毕竟有其特殊性,教育观念不能完全等同于教学观念。教学观念是怎样形成的,教学观念的转变到底要经历怎样的一个过程,制约教学观念转变的关键因素是什么,教学观念向教学行为转变的动力是什么,等等,对这些问题的回答不能仅仅依靠推演,还应该进行实证研究,从而全面、科学地揭示教学观念转变的规律,进而为教师培养和培训工作提供可借鉴的理论基础。

2. 应然取向

教学观念向教学行为的转化问题不仅是一个教育问题,而且也是一个社会问题,仅仅就教学观念而研究教学观念是行不通的,我们的研究视野要进一步开阔,研究方法要多元,研究成果的转化要加快,以促进新课程改革的深入推进。

(1) 多元性。现有的教学观念向教学行为转化的研究成果多由归纳和演绎而来,但不能局限于此,我们应综合运用各种研究方法对教学观念进行研究,如运用文献法对相关研究成果进行梳理,廓清教学观念的基本概念,归纳总结历史的经验教训,挖掘传统教学理论的精华,使我们的研究站在历史巨人的肩上;对心理学、哲学、社会学等领域的研究成果进行选择性推演,使教学观念研究站在坚实的理论基础之上和宏观的背景之中;运用比较法对国外理论进行本土化改造和借鉴,而不能盲目照搬和一味推崇,更不能把国外已经过时或没有经过实践验证的理论奉为至宝;选择、改造、创制实证工具,深入基础教育课程改革之中,走进教学实践,体验教师的困惑和无奈,倾听教师的心声和要求,运用个案法、调查法、观察法进行实证研究,而不能仅仅坐在书斋里苦思冥想;运用实验法对校本培训进行改进,研究旨在促进教师教学观念转变等。

(2) 简约性。在科学中,人们研究物质的结构,知道所有的物质都由分子、原子构成,原子又由原子核和电子构成,原子核又由质子、中子组成,中子又由夸克组成等。人们认识了物质的基本结构,进而去认识世界和宇宙。科学上还有一"极值原理",如普朗克公式:$E=hv$,只用了四个符号就把量子物理纷繁复杂的现象世界整理得井然有序。由此推之,我们应对教学观念的结构和核心要素进行深入研究,进而提炼出教学观念世界的简约性表述,给教师呈现一个简单图式,从而避免使教师产生眼花缭乱、云中望月、无所适从之感觉。关于教学观念的阐述越简单,应用越广泛,揭示教学观念的本质越深刻,这样既可以使教师感到可望可及,又可以为教师的创造性发挥留有空间。

(3) 应用性。当前,国家和地方均在进行新课程骨干教师培训,效果是有的,但培训方案大同小异,培训的方式方法雷同,致使投入的财力、物力、人力与成效不成正比,收效并没有预想的那么明显。另外,沿袭了百年的教师教育模式迄今没有多大的改变,教师讲、学生听,教师考、学生背的局面没有大的改观。我们要求学生要有创新意识、要进行研究性学习、要体验、要学会学习,那么我们的准教师和教师自己是否具有这些意识和指导的能力呢? 如果答案是不完全肯定,那么真正落实新课程改革的理念从何谈起? 再加上社会、家庭的成才观依然如故,教学观念与教学行为的背离也就成了不难理解的问题。因此,加大对教学观念形成与转变机制的研究力度,为教师培养与培训提供前提性理论支撑,不能不说这是一个非常重要而迫切的课题。从这个角度讲,教学观念研究不能为研究而研究,我们还应再向前迈进,指导教师培养、培训机制的改进,实现研究成果的现实性转化。

四、教学观念向教学行为转化的理路

由于教学观念向教学行为的转化并非直线式运动,而是曲折复杂的,所以我们不能仅仅从应然的角度对教师提出这样或那样的要求,还应着力研究教学观念向教学行为转化的内在机理和支持性条件。下面我们将着重从纵向上探讨教学观念向教学行为转化的内在理路,分析教学观念向教学行为转化的历时态结构。

(一)理解

杨启亮教授认为,教学观念的转变可能出现三种情况:一是理论上理解并转变了教学观念,并以转变了的新教学观念指导新的教学实践;二是理论上理解并转变了教学观念,但迫于诸多内外部因素的障碍,不能以转变了的新教学观念指导新教学实践,而是继续原有的观念与行为;三是理论上不理解或不真正理解新教学观念,也不可能以新教学观念指导新教学实践,他们或许可能为其教学装点些表面文章,但掩抑不住保守因循的事实。第一种情况显然是我们所竭力追求的,后两种情况的出现都与教师的主体意识有关。[①] 由此推之,教师对教学观念的"理解"应该是教学观念向教学行为转化的第一步,即教学观念向教学行为的转化是以教师对新教学观念的理解为基础和前提的。但随之而来的一个问题是:教师怎样才能真正理解教学观念?

理解是一个非常普通的词,理解的现象在日常生活中被视为理所当然,但在解释学那里,理解却被赋予与我们日常对理解的理解所不同的含义。现代解释学的创始人狄尔泰把理解视为整个人文科学方法论的基础,认为理解就是通过外在的东西去把握内在的东西,就是通过可感知的外部表现去把握不可感知的内在精神。在海德格尔看来,理解是所有活动的基础和条件。伽达默尔认为,理解关涉人和世界的一切关系,如人与传统、历史、文化、语言的关系等,理解现象出现在人类生活的一切方面,是人类经验的基础。解释学"研究理解,说到底是理解人类的生活,而这种理解又指导着人类的生活实践"[②]。

根据解释学的理论,当教师不仅仅满足于"知道"教学观念是什么,而且要进一步对教学观念进行"理解"的时候,就多少标志着教师对教学观念的认识已经超出知性,具有了某些理性的成分,但教师的理性认识并不能立即达到对教学观念的全体的、本质的、内部联系的认识,而是要经历从经验理性到理论理性的认识过程,这是因为教师并不能直接同教学观念的深层结构发生相互作用,而只能以感知活动的结果作为中介,通过加工、改造、整理已有的认识成果来"理解"教学观念。这说明教师理解教学观念要经历经验

[①] 杨启亮.转变教学观念的问题与思考[J].教育科学,2000(2).

[②] 金生鈜.理解与教育:走向哲学解释学的教育哲学导论[M].北京:教育科学出版社,1997:38.

理性这一环节,这是一种初级的、低层次的理性。

经验理性只能让教师"知道"教学观念为何物,还不能说明为什么会如此,也不知道使教学观念起作用和发生变化的条件,因此经验理性具有较大的局限性,具体表现在:经验理性能提示教学观念的一定层次和一定方面的本质,但它无力从教学观念的总体、内部联系的总和以及内在矛盾性上去把握教学观念的本质。换言之,经验理性只从教学观念的"横截面"上反映教学观念的本质,还不能揭示教学观念的发展和变化。经验理性在认识新教学观念某一侧面的同时,又往往把这一侧面孤立地强调、夸大,否认和排斥另一侧面。理论理性高于经验理性,属于高层次的理性认识,它远离直观经验,其抽象化和形式化的程度越来越高。在理论理性阶段,教师以更深刻、更普遍的方式去理解教学观念的本质,而不再是只理解教学观念的某一侧面和某一层次。也就是说,教师在"理解"教学观念的过程中,只有实现了从经验理性向理论理性的转化,才算真正理解了教学观念。

(二)评价

在"理解"阶段,教师把握了教学观念的本质属性,也就理解了教学观念所反映的客观事实与客观真理,但它不包含教师对教学观念的意义和效用的判断,还没有同教师运用教学观念改造教学实践的需要相结合。也就是说,教师不但要理解教学观念的本质属性,而且还要以"自我"为中心对教学观念进行评价,作出肯定或否定的选择。在"理解"的过程中,教师还没有把自己的价值标准等加到教学观念身上,还没有因为自己的好恶而无视教学观念的本质属性,而是尽可能地排除主观随意性,从而能够客观地把握教学观念的本质,但在评价阶段,教师的思维发生了一个质的变化,教师自身的利益、要求掺杂其中,表现出以自我为中心,在观念中衡量客体如何为我所用等新的特征。

对教师来说,在尚未完全彻底理解教学观念的本质之前,不应贸然对教学观念进行评价,否则教学观念向教学行为的转化顺序就有可能被打乱,教学观念也就无法有效地指导教学实践。教学观念要能够有效地指导教学实践,它就必须满足既科学地提示教学的本质和规律,又能反映它对于教师的价值和意义,这是一个双重性的要求。一般说来,教学观念向教学行为转化的每一个阶段都有其内在的逻辑性,每一个阶段都不能完全脱离上一个阶段而发挥作用。

教师对教学观念本质属性的正确理解,虽然不是教师对其作出正确价值判断的充分条件,但却是必要条件。脱离了客观事实基础,教师无论从哪个角度出发都不可能作出正确的价值判断。一个必须承认的事实是:教师对教学观念的理解,可能是正确的,也可能是错误的。教师基于对教学观念的正确理解所形成的评价是理性的评价,基于错误理解所形成的评价则无疑是错误的、感性的或经验式的,而经验式的评价可能助长教师急功近利的教学实践活动,使教师过多地关注教学活动的近期价值。另外,教师总是在一定的社会关系中对教学观念进行评价,他对教学观念的评价不仅仅依赖于对教学观念本质的正确理解,同时也要受到其所处群体的教学价值观的影响和制约。教师个人与教师群体的社会互动在评价活动中也起着十分重要的作用,其中一个很重要的方面是教师群体观念对教师个体评价活动的约束问题。教师群体观念具有神奇的力量,它像一只无形的巨手钳制着教师个体的评价活动,对教师个体的评价活动产生巨大的约束力。我们常常发现这样的现象:许多教师认为某观念是正确的,若问其中一个人为什么说这种观念是正确的,他往往说不清,他之所以认为这种观念是正确的,是因为别人都认为这种观念是正确的。

(三) 选择

无论是教师对教学观念的理解,还是教师以理解为基础对教学观念所作的评价,所着眼的主要还是教学观念实然的方面,但究竟应当如何统整教学观念,使教学观念向教学行为转化,则仍然是没有解决的。教师在进行教学实践活动之前,一般在观念中事先展开尚未实际进行的实践活动,并经过比较、鉴定、过滤等环节,选择一种最优的方向和途径。和理解、评价活动相比,选择活动和教学行为的距离越来越近,和教学实践的联系越来越紧密,对教学实践要求的体现越来越直接。虽然选择活动仍然主要是教师在观念中确定教学观念应然化的方向、途径、方案和办法,教学实践活动尚未进行,但教学观念只有经过这一步才能向教学行为转化。

教学观念向教学行为的转化存在多种可能性,正如树权一样,无限地向远处伸展,但应然化一旦实现,结局只能是一个。如三峡工程的建设方案可能不止一个,但其中的一个方案被采用也就排斥了其他方案的实施。不管三峡工程是否能全部达到预期目的,但一旦建成,就变成实实在在的东西了。教师事先不可能实际地明了教学观念的哪一种应然化方案最为可行,然而教师又必须事先对教学观念的方向作出设计和选择,这就要求教师在选择阶段要具备以"理解"和"评价"为基础的超前思维。超前思维与从后思维是两种特点不同而又相互联系、相互补充的思维活动。在"理解"和"评价"阶段,教师的思维是以从后思维为主,但从后思维不排斥超前思维,恰恰相反,立足于现实追溯历史,正是为了更好地预见未来,预见事物未来可能的发展。从后思维达到一定程度,必然会导致教师的思维指向由立足于现实追溯历史转化为立足于现实预见未来,这样教师的思维方式就由从后思维为主转化为超前思维为主,这是选择阶段教师思维的主要特点。

教师的超前思维不是一般的超前思维,而是以合规律性与合目的性相统一为基础的。教师对教学观念进行超前思维的目的是要在教学观念向教学行为转化的多种可能性和教师的价值要求之间找到一个合理的"坐标点"。这时,教师对教学观念的理解与评价已不再是单纯的揭示和把握,而是着眼于对教学观念的利用和限制,使它按教师的价值需要发挥作用,已掺杂了教师的目的和意图。同时,教师的价值要求也不再只是头脑中"静止"的东西,它变成了教师统整教学观念的价值尺度。

另一方面,教师的选择活动也不仅仅是单纯的个体思维问题,它还会受到教师所处的社会文化背景及教师群体观念等因素的影响和制约。我们知道,在不同时代、不同地域,教师所处的社会文化背景是不同的,这种文化背景以"潜意识"的形式影响着教师的选择过程。教师所处社会文化的习惯就可能变成教师的习惯,其文化的不可能性就可能导致教师选择的不可能性。另外,教师总是处在一定的教师群体之中,他既具有社会性,又具有个体性;他既有所在群体的共同利益与要求,也有他个人独特的利益与要求。教师个体的利益与要求会制约教师群体的选择;同样,教师群体的利益与要求也会制约教师个体的选择。正如有的学者指出的那样:决定决策成功的首要因素,不是严格的规章制度,也不是精密的计算机,甚至也不是科学技术,而是一个组织内形成的某种文化观念和历史传统、共同的价值标准和生活信念。① 由此可见,选择的过程是一个理性与非理性、逻辑与非逻辑相统一的过程。

(四)践行

实践性是人的本质性特点,人在实践中实现自己的本质,创造历史和文化。教学实践是教学观念向教学行为转化的现实标尺和体现,也正是在教学实践中,教师认识教学,建构教学观念大厦,并且在教学实践中检验、提高

---

① 王霁.认识系统运行论[M].北京:中国人民大学出版社,1990:340.

其对教学的观念性认识。教学观念与教学实践是相互依存、相互作用的对立统一的辩证关系,没有教学实践就没有教学观念;同样,没有教学观念也就没有真正意义上的教学实践。教学实践不断地向人们提出新的要求,推动教学观念的更新;同时,教学观念又作用于教学实践,回归教学实践,促进教学实践的发展。在这种辩证的运动中,二者都在不断提高、不断发展。

以上四个阶段的划分是相对的,教学观念向教学行为转化的实际发生要复杂艰难得多,并且各个环节常常交织在一起,并没有截然的界限。要说明的另外一点是:教师的情感、意志等心理活动也会参与到其教学观念向教学行为的转化之中,体现为教师的能动性和创造性。这样,在教学观念向教学行为的转化中,教师不但是认知、实践的主体,而且也是创造的主体。

五、教学观念向教学行为转化的制约因素

有学者认为,教学观念向教学行为转化的制约因素可分为客观因素与主观因素两类。客观因素主要有:文化传统、社会经济条件、教学管理制度等;主观因素主要有:教师的教学信念、思维方式、价值取向、知识状况等。[①] 另有学者认为,制约教学观念转变的因素主要有:传统教育教学观念、新理念的理解程度、培训机制、评价机制、物质利益等。[②] 我们认为,教学观念向教学行为转化的制约因素可分为共性因素和个性因素两类:所谓共性因素,是指对所有教师都会产生影响,并且教师个体难以改变的外在因素,如社会现实、文化传统、教学评价、群体观念、生活状态等;所谓个性因素,是指直接制约教学观念向教学行为转变的教师个体所具有的特征,如主体意识、思维方式、教学理论水平、教学经验等。共性因素相互交织,呈现为茧式状态;个性因素千差万别,使教学观念和教学行为之间出现"阈限"地带。突破茧网,走出"阈限",实现教学观念与教学行为的一致性是我们的应然追求。

(一)茧式状态

第一,转变教学观念,观念先行并指导教学行为的确是正确的选择,但是我们也要看到教学观念与社会现实之间存在一个适应性问题,社会现实必然约束教学观念,尤其是约束教学行为。当社会现实还不足以对教学观

---

① 冯茁.教师教学观念转变阻力探析[J].教育探索,2003(4).
② 郑庆全,等.课程改革中影响教师教学观念转变因素分析及对策[J].继续教育研究,2003(1).

念的转变提出迫切需要时,因循守旧的传统观念以及它所指导的实践就感受不到真正的压力,而教师也就完全可以喊着高调的口号,依然故我地按部就班。① 这个道理在于教学观念的超前转变必须适度,"度"如果不足,绝难加速发展;如果"过度",就会造成观念与实践相脱节。当然,适度也有其依靠积极策略调整的巨大空间,正像经济并不发达的中国能以骄人的道德核心文化使外国人惊叹一样,教学观念的超前转变完全可能成为教育振兴与腾飞的契机。当教学观念和教学行为的转变不能获得社会现实需要支持的时候,我们可以通过其他策略的调整,为其转变创造必要的条件。如片面追求升学率的错误观念,可以通过教学评价的调整来加以纠正。当教学评价机制客观、公允,不再只专注于升学率这一指标时,教师教学观念的转变无疑会受到促进,其教学行为也会随之而变。

第二,文化传统是教学观念生成、转变的基本背景。教学观念反映了传统文化的基本脉络、内容和特点,并影响了教师的思维方式、心理素质及精神规范,成为文化传统中不可或缺的组成部分。但是,我们也应该看到,文化传统不仅形成、作用于过去,而且会形成强大的现实力量作用于现在乃至未来。教学观念与教学行为的转变无疑要受传统文化的影响与制约。首先,现代教学观念必然是在传统教学观念的基础上形成的,它不可能脱离传统的根基而任意创建。其次,历史的教学实践证明,在教学领域内进行的疾风暴雨式的革命也无法摆脱文化传统的影响。同样,任何一种域外的教学观念,即使使用了强有力的行政手段来加以推行,也必然会留有本民族传统的烙印。再次,文化传统还常常以"遗作"的作用方式渗透于教学观念与教学行为之中。这种"遗传基因"一方面使教学观念根植于传统文化,不至于因失去"传统"而导致"真空";另一方面也要看到文化传统会使教学行为的转变背上沉重的包袱,即文化传统以其无所不包的氛围赋予每位教师特定的教学思维方式、教学价值观念,每位教师都会不自觉地带着这种文化传统去从事教学工作,从而在观念与行为中都盖有某种传统的烙印。

文化传统制约教学观念与教学行为转变的途径与方式是多种多样的,如有意识的与无意识的、教育的与非教育的等等。文化传统的意识层面是指属于观念形态的典章制度、经籍文化;无意识层面是指人的现实的文化心理结构,即未经过思想家加工整理过的人们的精神状况、心理定势。② 文化

---

① 杨启亮.转变教学观念的问题与思考[J].教育科学,2000(2).
② 鲁洁.教育社会学[M].北京:人民教育出版社,1990:136.

传统的意识层面对教学观念转变的制约显而易见,而非意识层面对教学观念转变的制约往往被人忽视,但它的影响比意识层面更强大、覆盖面更为宽泛。无意识层面的文化传统是文化中最为稳定的深层结构,它如一股强大的潜流,不自觉地嵌入教学观念之中,不易为教师所控制和调节,带有浓厚的自发的倾向。文化传统中自然包括教育传统及教育观念传统,这是文化传统制约教学观念和教学行为转变的最直接的部分。另外,文化传统对教学观念和教学行为转变的制约决不仅仅局限于教育自身的观念与制度,其中哲学的、科学的、道德的、艺术的及风俗习惯等都会对教学观念向教学行为转变产生影响。

第三,教学评价是加强教师队伍管理的有效措施,有助于全面了解教师的工作情况,有助于教师明确自己的职责和权利。同时,任何人从事任何活动,总希望知道结果。学生希望知道自己的学习成绩,教师也同样希望知道自己的教学效果,进而判断自己的工作能力、业务水平并借此获得物质上及精神上的奖励,如晋级、提薪、评优等。正如美国心理学家罗杰斯所认为的那样,每个人都有被喜爱、被认可、被关怀的所谓"积极关注"的需要,正是这些需要常常使人用普遍的、公认的标准去评定自己的行为,并对自己的行为进行调整,以获取新的或更高的"积极关注"。但是,我们也必须看到,目前的教学评价仍是奖惩性的,重结果而轻过程;评价指标单一,无法与教师劳动的复杂性、艰巨性相匹配;评价手段陈旧,仍采用听课、查教案等传统做法,过重看待升学率;多数评价人员还做不到深入实际,表面化、形式化严重;等等,这一切都会在不同程度上降低教学评价的科学性、客观性,影响教学评价的合理与公正,制约教学行为的转变。当教学观念的转变,特别是从教学观念到教学行为的转变得不到评价认可时,教学观念与教学行为的背离就有了"正当"的理由。

第四,教师群体作为一种特殊的社会形态,它具有一定的群体教学观念。群体教学观念是群体内所有成员的行为标准,也是教师群体活动的目的性和意向性的集中表现。一方面,教师个体的教学观念必然要接受群体教学观念的影响;另一方面,教师个体的教学观念又渗透、融汇于群体教学观念之中,对群体教学观念起影响甚至引导的作用。这样,在教师教学观念转变的过程中,就产生了群体教学观念个体化和个体教学观念群体化的现象。对教师个体来说,其教学观念"图式"的形成不仅是个人教学实践的内化过程,而且也是其接受群体教学观念的结果。教师群体在教学活动中不断地对其所属的教师个体施以影响,使教师个体尤其是新教师接受和获取一定的教学思维定向和教学思维模式,从而使教师个体的教学观念形成以教师群体教学观念为起点,不必从头开始。这有助于教师共同体的发展,有助于增强教师群体的内聚力,有助于教师群体内的交流与切磋,从而互相取长补短。但教师群体教学观念个体化既有上述积极的一面,也潜在地包含了一些消极、否定的因素。例如,教师群体教学观念具有排他性,这种排他性如果被狭隘的教师群体所利用,就会变成阻碍教师教学观念转变的消极因素,甚至是破坏性的力量。翻开教育史,正确的教学观念得不到教师群体和社会的认可,而错误的教学观念统治教师头脑几十年甚至几百年的例子比比皆是。

教师教学观念的转变最初往往表现为教师个体的行为。教师个体一方面学习、汲取教师群体关于教学的认识成果,接受和遵从教师群体的教学观念;另一方面,他也不断接受外界新鲜信息的刺激,逐渐产生对教师群体教学观念进行反思的意识,进而提出新的思想、新的见解。这种具有创新特征的教学观念难免与教师群体教学观念存在不一致的情况,甚至还会出现二者完全"逆向"的现象。而教师群体教学观念又往往具有较强的惰性和惯性,它一旦形成就很难轻易改变。正如著名科学家普朗克所说:一个新的科学真理不能通过说服她的反对者并使其理解而获胜,她的获胜主要由于其反对者终于死去而熟悉她的新一代又成长起来了。[1]这段话常常被人们称为"普朗克原理",虽然有所偏颇,但它确实指出了一个事实:认识规范和行为的转变是何等困难。

(二) 阈限突破

第一,如前所述,杨启亮教授所说的教师教学观念的转变可能出现的三种情况中,第一种情况显然是我们所竭力追求的,后两种情况的出现都与教师的主体意识有关,表现为教师是否具有职业理想和创新精神。我们对学生主体性的认识,至少在理论上已经达成共识,但我们很少讨论教师的主体性问题。我们习惯于建立规范和规定,并以此为据要求教师尽职尽责,师德规范、学历标准、岗位责任随处可见。诚然,这都十分必要,也无可指责。但是,这毕竟只是教师素质规格的基础,而不是终极的目标、理想的境界,因为

---

[1] 王霁.认识系统运行论[M].北京:中国人民大学出版社,1990:65.

它不能证明主体的自觉。① 当教师的主体意识没有被策动起来,教师不热爱乃至厌倦教学工作时;当教师不具有教师职业理想,没有创新精神时,他们就会得过且过,仅仅将教学视为谋生的手段,无视诸多规范、规定或仅在形式上满足了规范、规定,教学观念和教学行为的转变无疑就会陷入困境之中。走出困境的突破口并非唯一,但激发教师的主体意识,使其具有教师职业理想和创新精神则是短期有效的方略。大量研究表明,社会宏观条件、学校客观状况、学校气氛、人际关系等方面都与教师的工作积极性有显著的正相关,但这些方面是较难控制的,也很难短期见效。为此,控制那些较易控制的、短期有效的因素,就显得更加必要,激发教师的主体意识应该是我们首先要做的。无数教师在艰苦的条件下默默奉献,作出非凡业绩的事实,也使我们认识到这一点并非可望而不可即。

第二,思维方式是主体和客体相联系的中介,是主体认识与改造客体的思维工具。它不仅指思维活动的方式、方法、程序、规划,而且指凝聚在思维成果中的"知识结构"。它往往成为主体的巨大的能动因素,对思维能力与知识水平的提高起着积极的或消极的作用。② 思维方式与物质工具一起在人类认识和改造世界中起作用。思维方式本身是一种观念化的东西,但它根源于自然物,反映着客观事物的本质与规律。思维方式及其所依托的知识,是受主体的需要和与之相对的价值观念以及作为主体的内部控制因素的情感、意志制约的。因此,从一定意义上说,思维方式是由逻辑结构、观念结构和情感结构组成的,人们的思想观念和思维方式是渗透和交融在一起的。观念既是思维活动的起点,又是思维活动的终点,不同的文化传统观念构成不同的思维方式,而不同的思维方式又产生出不同的思想观念。教学观念既是教师思维教学问题的起点,又是其思维教学活动的终点,它也要受到教师思维方式的影响与制约。相对来说,开放、多向、外倾、以逻辑为主的思维方式可能更有利于教学观念的转变,而封闭、求同、单向、直观的思维方式则可能不利于教学观念的转变。这就要求教师要从封闭性的思维方式向开放性的思维方式转换,从单向、求同的思维方式向多向、求异的思维方式转换,从以内倾、直观为主的思维方式向以外倾、逻辑为主的思维方式转换,从稳定、慢节奏的思维方式向动态多变、

---

① 杨启亮.教师主体性与主体性教师素质[J].现代中小学教育(教师版),2000(7).

② 谢龙.现代哲学观念[M].北京:北京大学出版社,1990:407.

快节奏的思维方式转换,以适应教学观念和教学行为转变对思维方式的需要,从而加快转变速度,增强转变实效。教师往往对教学物质工具的变化较易适应,而对思维工具的转换很难接受,他们往往在使用现代化教学设备的同时,脑子里还可能是陈旧、落后的教学观念,这也就注定了教学观念和教学行为的转变是步履维艰的。

第三,教学理论是人们在思考教学中所形成的旨在探讨、解释和预测教学现象的观念体系,是人们对各种教学现象及隐藏其后的各种教学关系和矛盾运动的自觉的、系统的反映。[①] 教学理论具有解释教学现实、探索教学规律、预测教学未来等诸多功能,其中很重要的一方面是教学理论能够为教师提供关于教学的各种知识,使教师正确全面地理解和把握教学,帮助教师纠正错误的教学观念,确立正确的教学观念。素质高的教师往往借助科学的理论去审视新旧教学观念,进而作出自己的选择。教学观念的转变实质上是教师教学观念结构的调整与转换,要实现此观念结构的调整与转换,就必须向此结构中注入新的知识要素,用新的知识、新的观点去冲击和剔除其中的旧知识、旧观点。因此,对教师来说,要不断学习教学理论,不断补充新知识,并以此反观自身的教学行为。另外,教学观念的转变是以批判旧观念、理解新观念为前提的,这种批判与理解不能是随意的和盲目的,而应当具有科学理性。为了进行理性的批判,教师必须学习教学理论,认识教学的本质,掌握教学的规律。不具备批判意识和批判能力的教师,在其教学观念和教学行为的转变过程中,要么信仰权威,人云亦云;要么满足现状,消极对待。

第四,按照解释学的观点来看,任何理解都必须从已有的先见出发,都必须以先见为前提;人不能自由地选择先见,也无法轻易地摆脱先见,先见是理解的基本出发点。[②] 已有的教学经验无疑是教师理解新教学观念的"先见"之一。如果脱离了教学经验,教师教学观念的转变将是不可能的。教学经验是教师对教学活动各种感受的联结,它表现为一个全面的、具体的、无所不包的整体,在这个整体中,教学的过去、现在和未来都被联结起来。正是因为这样,教师才能学习、理解、接受、转变教学观念,才能继承教学传统,反思教学的现在,预测教学的未来。只有新观念与教师的教学经验融为一体,新观念才能被教师所理解、占有与活用。教学经验具有开

[①] 徐继存.教学理论反思与建设[M].兰州:甘肃教育出版社,2000:13.
[②] 夏基松.现代西方哲学教程新编:下[M].北京:高等教育出版社,1998:593.

放的一面,它能吸纳新的教学观念,形成新的教学经验;同时,它又具有封闭的一面,排斥新观念的融入。历史上以相信数的和谐而著称的毕达哥拉斯学派认为事物均可用有理数来表示,当希帕索斯提出等腰直角三角形的直角边与斜边具有不可通约性时(这将会导致发现无理数),违背了毕达哥拉斯学派的权威"经验",结果希帕索斯竟被抛进了大海。这样极端的例子在教师教学观念转变中虽然不太可能出现,但它说明经验对观念的转变确有制约作用。当新的教学观念与教师的教学经验发生较大冲突时,教学经验的排斥性就会变得明显,对教师教学观念转变的制约性就会凸现出来。

当然,导致教学观念与教学行为相背离的共性与个性因素远不止这些,教师必须有足够的力量冲破"茧层"、走出"阈限",进而实现教学观念与教学行为的一致。

第六章 课程改革中的责任分担

课程改革是一个多方力量博弈的过程,处处显示出其复杂性。任何一方的缺位或不到位或越位,都可能造成"能量耗散",影响改革的进程和效果。在基础教育课程改革过程中,各方相互指责的现象一直存在,埋怨牢骚之声不绝于耳,比如决策者指责实施者执行不力,实施者埋怨决策者脱离实际、乱发指令,等等。这些也许是正常现象,也许是任何领域的改革都会出现的问题,但这并不能成为我们推脱责任的理由,课程改革的科学性、可行性和历史责任性理应比其他任何领域的改革要求都要高,这是因为课程改革是关涉人与未来的改革,对于被改革者——学生来说,不能"回炉重来",课程改革的失误会影响一代人甚至几代人的发展,进而影响到国家和民族的未来。基于上述认识,我们认为明确课程改革中各方主体责任,划定责任边界,实施问责制,各自扮演好责任角色并相互支持而不是相互埋怨指责是课程改革中的一个重要问题。具体说来,校长(包括副校长,尤其是教学副校长)应具有相应的课程领导能力,承担起首席教师和课程改革领导者的责任;教师应转变观念、生成智慧、走向幸福,承担起课程改革具体实施者的责任;研究者应坚守学术立场、秉持学者良心,提高研究成果的科学性、应用性,承担起智囊团和学术引领的责任;教育行政部门应提高决策的严密性、可行性和前瞻性,承担起改革决策者和服务者的责任等。

一、校长的领导责任

教育过程中的每一个阶段都需要领导。[①] 改革前进道路上的每一步,从指出改革的必要性到保证改革能够完全纳入正常运作,都需要校长的正确引领和指导。Berman 和 McLaughlin 在研究了近 300 个学校行政区的改革后发现:校长积极支持是改革走向成功的关键;积极的支持建立在领导

---

① Daniel L. Duke. The Challenges of Educational Change [M]. Hong Kong: Pearson Education,Inc.,2004:182.

者做什么而并不是他们说什么;如果他们真心接受变革,他们就愿意检查自己和他人的常规工作;接受改革的学校领导最重视的不应该是改革本身,而应该是现状的好转。当改革不可能促进教育现状的好转,改革就不受欢迎。① Hall 和 Hord 也曾指出:虽然有类似的培训,面对同样的学生,不同学校的教师却有完全不同的工作体验,归根到底,这些不同点最终都归因于学校领导集体的不同。一些学校的校长积极支持教师实施新的课程;而有的学校校长没有要求教师超出课程实施要达到的最低限度;有的校长则"夸夸其谈",根本无法帮助教师。② 校长本身就应该是改革的发起人、管理者和回应者,应清楚地知道改革需要什么以及需要的原因,愿意实施改革并给教师提供任何必要的帮助与指导,承担起改革的领导责任。承担责任的前提条件是具有与其责任相匹配的能力。新一轮基础教育课程改革推行三级课程管理体制,赋予了学校很多课程权利和职责,使校长的课程领导能力问题变得比以往更为重要了。校长在课程决策、课程实施、课程评鉴、课程运作机制构建等方面,应扮演首席教师和课程领导者角色,切实承担起领导课程改革的职责,这不仅是有效推进课程改革的重要保障,也是校长专业发展的重要向度。教育行政部门应在评价、培训等方面为校长课程领导能力的提升提供外在支持。校长个体应通过自主学习、专家合作、同伴互助、校际联系等多种方法与途径,不断提高自身的课程领导能力。

(一) 校长课程领导能力的价值考量

在过去乃至于现在,我们往往更多地关注校长的行政领导职能,给予校长相应的行政级别和待遇,为校长提供行政管理方面的培训,致力于校长行政管理领导能力的提高,这本身没有错,但我们不能强化校长的行政领导角色,校长也不能仅仅陷于学校日常事务管理之中,因为校长不仅是行政领导者,更应该是"首席教师"和课程领导者。

1. 校长的课程领导能力是推进课程改革的重要保障

在课程改革中,教师无疑是不可替代的主角,但我们不能忽视课程改革

---

① Berman Paul, Mclaughlin, Milbrey W.. Federal Programs Supporting Educational Change: Vol. VIII: Implementing and Sustaining Innovations[M]. Santa Monica, CA: Rand, 1978.

② Hall Gene E., Hord Shirley M.. Implementing Change[M]. Boston: Allyn and Bacon, 2001.

中的另一重要角色——校长。作为学校课程改革的"领头羊",校长应具有相关的课程知识和课程领导能力,这是决定课程改革成效的重要因素。《基础教育课程改革纲要》明确指出:改变课程管理过于集中的状况,实行国家、地方、学校三级课程管理,增强课程对地方、学校、学生的适应性。三级课程管理政策使学校在课程领域拥有了更多的自主权,校本课程、综合实践活动、研究性学习、选修课等就是其具体体现,但我们在为学校拥有一定的课程自主权而感到欢欣鼓舞的同时,还要客观地审视校长、教师是否已经具有行使课程自主权的能力;已经习惯了国家集中管理课程模式的校长是否能及时转变观念、进入角色。在课程改革实践中,我们发现有些校长时不时地会产生困惑,不知自己应扮演什么样的角色和承担什么样的责任,或者说他们虽然在认知层面上已经有了清晰的定位与思考,但在实践中却不知如何去具体领导课程改革。这时,校长所缺乏的并不仅仅是先进的课程理念,而是课程领导能力。

2. 课程领导能力是校长专业发展的重要向度

近年来,学界在深入研究教师专业发展的同时,也开始关注校长的专业化问题,使之成为教育研究的又一热点。各级教育行政部门对校长的专业化问题也投入了极大的热情和关注,表现为各种各样的针对校长专业发展的培训如火如荼地展开,旨在促进校长专业发展的考核指标体系相继出台。综观这些论说和实践,我们发现校长的课程领导能力还没有引起足够的重视,没有明显地进入校长专业化的研究视野和评价体系。我们认为,课程领导能力应是校长专业发展的重要向度,这是因为课程是育人的重要载体和媒介,课程的决策、选择、统整、实施、评价是中小学工作的主旋律,校长的专业发展应更多地体现在课程领导上。对于这个问题,国外的许多做法和经验值得我们借鉴,如瑞典,校长的专业领导包括三个层面:一是领导教学革新,二是领导教师专业发展,三是领导教师对课程与学校目标的反省。这三个层面都和课程密切相关,教学革新是为了更好地实施课程,教师的专业发展又主要体现为有效实施课程的能力。也就是说,校长的领导职能应主要指向课程与教学领域,应更多地关注学校的课程与教学以及教师的专业发展。

(二) 校长课程领导能力的呈现场域

1. 课程机制

课程专家施瓦布认为,学校应成立由校长、教师、学生代表、社区人士以及校外专家、学者等共同组成的课程开发小组(或课程改革小组、课题研究小组等),使得课程改革的积极参与者有自己的组织,他们可以在这个组织中提出自己的建议并进行积极探索,这对于学校的课程改革具有重要意义。也有学者认为,课程领导是一种复合体形式,这一复合体由相互关联的教师、学校和在社区环境中工作的各种人群组成,课程的哲学意蕴是教师、学生、校长、家长、大学教员、中心办公室专业人员及其他有兴趣的人士互相合作,共同探究和研讨。[①]校长要善于协调各方力量在整个课程活动中的职责与任务,促进各成员间的互相配合与协作,形成良性互动的课程机制,围绕目标设计和实施课程。从这个角度上讲,校长是学校层面课程领导的领导,其课程领导角色的首要体现应该是创设有效的课程运作机制,包括人力资源开发机制、决策机制、开发机制、激励机制、评价机制、补救机制等。校长既不能因行政事务缠身而陷于日常管理之中不能自拔,同时也不能走向另一个极端——陷于琐碎的课程事务之中,事必躬亲。这样,有效进行课程运作机制的创建和制度保障就变得尤为重要,也是校长课程领导能力的重要体现。

2. 课程决策

既然校长是学校层面课程领导的领导,那么课程决策能力理应是其课程领导能力的重要组成部分。校长的课程决策能力主要表现在参与决策和直接决策两个方面。参与决策是指校长要主动参与上级的课程决策,也就是说,在上级课程文本研制过程中,校长要以专业组织成员的身份和个人的身份进行调查研究,向上级课程决策机构陈述建议,必要时还要进行游说,而不能被动等待正式课程文本发布后再"牢骚满腹",甚至"消极对抗"。"如果校长能被人认为是学识丰富及见识多广的人物,则学

---

① [美]詹姆士·G.亨德森,理查德·D.霍索恩.革新的课程领导[M].志平,李静,译.杭州:浙江教育出版社,2005:2.

区的行政人员及教师将会对校长投以更多的注意力"[①],如果校长能在一定程度上影响上级的课程决策,这不仅能增强课程文本的学校适切性,从而使学校、学生、教师受益,同时也是上级课程决策机构所希望的。直接决策是指校长在其权利范围内对学校内课程事务的决策,主要体现在课程规划、课程设计、课表编制和学生学习方案、教师教业及学生学业评价标准的制定等方面。

3. 课程实施

在课程实施中,校长的课程领导能力应体现在对课程实施过程的适度监控。有的校长不相信教师的课程实施能力,花了许多时间拟订与执行复杂的教师绩效系统;也有的校长认为实施课程完全是教师的事情,不需要监控,完全相信教师的课程实施的能力与自觉。这两种极端的观念和做法都不正确,正确的选择应该是校长对课程实施过程进行适度的监控,这是因为适度的监控可以提高课程实施的效率,保证课程发展的一致性。校长应和教师通力合作,决定课程统整的性质和范围,协助教师使用课程手册,拟订年度计划和单元计划。如果校长没有对课程实施进行监控,而任由教师随意而为,则教师将会强调他们所熟悉的,而不会关心整体课程。[②] 反之,如果校长对课程实施监控过度,则会钳制教师的课程行为。

4. 课程评价

长期以来,我国的课程评价标准单一、方法唯一,不同的学校、不同的学生参加相同的测试,并将其结果作为升学、选拔的唯一依据。在这种情况下,校长似乎不需要课程评价的能力,把上级教育行政部门印制好的试题拿来考学生就是了,然后再把学生的分数作为考评教师课程实施业绩的依据。虽然这种做法的不合理、不公平之处人人尽知,但在没有更好的课程评价方式方法出现之前,我们对此"无可奈何"并习以为常。但新课程的评价观发生了重大变化,倡导"立足过程、促进发展"的课程评价观,由过去强调评价的甄别、选拔功能转向强调促进学生、教师、学校发展功能;评价内容由注重学习结果转向学习结果、学习过程并重;评价主体由单一转向多元;评价方

---

① [美]Allan A. Glatthorn.校长的课程领导[M].单文经,等译.上海:华东师范大学出版,2003:49.

② [美]Allan A. Glatthorn.校长的课程领导[M].单文经,等译.上海:华东师范大学出版,2003:107.

法由单一的量化转向质化与量化相结合;评价标准由整体划一转向尊重个性化的表现。虽然在实践中真正落实这种新的评价理念尚需时日,但这毕竟是课改的方向和目标。在这种情况下,校长要面对和思考这样的一些问题:① 如何评价国家课程? 如何对国家课程进行校本化的统整和改造?② 如何评价本校的课程规划和设计? 这些规划和设计是否符合国家纲领性的要求? 是否符合本校的教师、学生实际? ③ 谁来决定课程评价的内容、标准? ④ 课程评价的复合体有哪些人员构成? ⑤ 如何收集和分析数据? 解释和判断数据的标准是什么? ⑥ 如何应用评价的结果? 等等。这些问题看起来离校长很遥远,但却切实存在于校长身边。这样,校长就不得不面对自身课程评价能力的提高问题。

5. 课程文化

校长课程领导能力的终极体现应是学校课程文化的形成与提升,这是因为:"任何课程理性的合理运用是与适用的文化环境相结合的,课程本质上不是价值中立或文化无涉的纯粹知识活动,它必须具有价值参与的生存环境。因为,课程过程的本质体现为一种价值赋予,体现为一种文化主体的自觉。对泛科学理性语境的批判,其主要任务是对被指称的普遍性的挑战。我们需要对不同课程理性背后的文化处境有更深入与广泛的理解、研究和对话,从而逐步形成一种日益成熟的自省能力机制和具有文化自我发展能力的课程体系。"[①]校长虽然不能左右学校外的大文化,但可以引领学校内部的文化取向。学校的课程改革,必须经历一连串的课程决定过程,如课程规划、课程目标的制定,教材的选编,教学活动的设计,教学时数的安排,课表的排定,与家长的沟通等。这一切不能、也不应由校长个人单独完成,而应塑造积极参与的课程文化,鼓励教师、家长、社区人士和专家学者们参与决定,量力而行、因地制宜,切忌一哄而上、人云亦云。这样,学校的课程改革才会更具合理性,也才会赢得广泛的支持,进而取得预期成效。

当然,校长课程领导能力的呈现场域不仅仅限于上述几个方面,但上述几个方面无疑是十分重要的。

---

① 丁钢.价值取向:课程文化的观点[J].北京大学教育评论,2003(1).

（三）校长课程领导能力的提升策略

1. 纳入评价

相对于教师评价来说，我国的校长评价研究与实践起步较晚，还没有形成系统的评价标准和方案，更谈不上拥有完整而科学的评价制度。我们认为，在校长评价标准的制定过程中，应将课程领导能力纳入其中并占据重要位置，既为校长考核工作提供依据，也为校长提出提高课程领导能力的目标。在校长选拔、任用、提升、考核过程中，应将课程领导能力作为重要依据之一。

2. 专项培训

我国的校长培训制度已经建立，也有专门的校长培训机构，但存在的问题是：校长的课程领导能力专项培训相对较少，而更多的是政治理论、管理知识、办学思想的培训，这与校长课程领导能力的重要性不相匹配。校长往往是某一学科的教学专家和行政管理专家，但很少是课程领导专家，他们的课程领导行为多从经验和感觉出发，而缺少扎实、科学的课程理论指导。因此，我们建议为校长提供课程领导能力专项培训，使其掌握一定的课程理论知识，不断提高课程领导能力。

3. 自主学习

由于种种原因，校长的课程理论欠缺、课程领导能力较弱是不争的事实，而参加培训的机会和时间又较少，这就要求校长要加强自主学习，利用一切可能的途径和方法，付出一定的时间和精力，自我扩展课程知识、提高课程领导能力，进而在课程改革中发挥领导作用。新课程改革涉及的范围之广，变革的力度之大，都是前所未有的，有许多新知识、新理论需要校长自己去学习和掌握。对于校长来说，首先要充分认识新课程改革的重大意义，真正领会新课程改革的目标、课程结构、课程标准、教学要求、课程评价的精神实质以及各学科的课程标准，牢牢掌握课程改革的主动权，还要通过多种途径学习和借鉴兄弟学校的课改经验，从中汲取有益的信息。当然，我们不能奢望校长样样精通，但作为领导者，校长本身具备一定的课程领导能力，扮演好课程领导者角色是必要的，也不是过分的要求。

4. 专家合作

校长一定是课程领导专家，但不一定是课程理论专家。要求校长既是课程领导专家又是课程理论专家是不符合当前我国实际的，因此校长要与课程理论专家合作，让课程理论专家为其课程领导提供理论支撑和咨询服务。在这一过程中,不是专家引领、指导校长,而是两者相互合作、共同探讨,因为美好的理论在实践中也可能苍白无力,学校课程的领导权在校长,而不是专家。从另外一个角度讲,课程改革不仅是学校的责任,而且也是课程理论专家的责任,课程理论专家本来就应该是学校课程领导共同体中的一分子,而不是这一共同体之外的所谓的"指导群体"。实际上,成功的课程改革一般是学校与课程理论工作者合作的结果,并且学校的课程改革为理论工作者和实践工作者提供了进行合作研究的契机与空间,这种合作无论是对理论工作者的学术研究还是对实践工作者的专业发展都是大有助益的。

5. 同伴互助

如前所述,课程领导者是一个复合体,不仅仅指校长,教师、学生、家长、社区人士都可以是学校课程领导集团的成员。校长要善于发挥其他成员的作用,广泛吸取其他成员的意见,采纳合理建议,在课程领导中落实民主思想。从这个意义上讲,教师专业发展中的"同伴互助"理念同样适用于校长的专业发展和课程领导能力的提升。

6. 校际联系

学校与学校之间的课程改革既有差异性,也有相似性。校长的课程领导视野不能局限于校内,还应该放眼于周围的兄弟学校,加强学校与学校之间的联系,汲取其他学校的经验和教训。师资水平较低、办学条件较差、周边可凭借的课程资源较少的学校可以同那些师资水平较高、办学条件较好、地理位置优越的学校形成对口支援的关系,这样不但可以减缓由于校长离职、进修、学习而导致的工作、学习矛盾以及经费短缺的问题,而且可以使单个学校摆脱孤军奋战的困境。校长既要与其他学校广泛建立松散型的关系,也要选择几个学校建立紧密型的关系,使校长之间及时沟通信息,相互借鉴学习,这对提高校长的课程领导能力、拓展校长的课程领导视野是十分有益的。

(四)听课是校长了解课程改革实情的重要途径

课堂是课程改革的缩影,是学校众多问题的聚焦点。校长不能只是坐在办公室里领导课程改革,他还要经常深入课堂。听课无疑是校长了解课程改革实情的重要方法,是校长研究、指导课程改革最直接、最有效的途径之一,所以在这里我们把校长的听课问题单独列出来讨论。

1. 校长听课能力需要提升

听课能力是衡量校长业务水平的重要维度,与学校的教学指导效能、教科研水平、教学质量密切相关。但目前并非每位校长都能深刻意识到听课的价值,很好地掌握听课要领,具有较高的听课能力。

(1) 前苏联著名教育家苏霍姆林斯基十分重视听课,他在《给教师的建议》一书中指出,经验证明,听课和分析课是校长的一项极为主要的工作;经常听课和分析课的校长,才能了解学校里在做些什么;校长必须了解每一位教师的工作情况,为了做到这一点,就必须经常地、按一定的制度去听课和分析课;尽管学校领导人有着各种各样的活动,而听课和分析课却是应当摆在首要地位的工作,要给自己定出一条规则:如果我今天没有听过两节课,就认为今天自己在学校里什么事情也没有做;如果今天碰上开校长会议,那么,本来在今天要听的两节课,就得移到明天来补上;要是预定到外面出差四五天的话,就提前在两星期内把每天听两节课改为听三节课。① 遗憾的是,仅就听课而论,许多校长和苏霍姆林斯基相比仍然有较大的差距。我们认为,校长不能只坐在办公室里领导学校的课程与教学工作,真正深入课堂进行观察思考是十分必要的。只有深入课堂,校长才能清楚地知道课程改革理念和教学实践之间的落差到底有多大,才能掌握课程实施一线的真实情况,才能真正体会教师的甘与苦,才能真正了解教师专业发展的需要和学生成长的需要。有一些校长为了听课而听课,为了考核"充数"而听课;有一些校长的听课笔记只有寥寥数语几行字,根本看不出教学过程和听课者的听课收获,这样的"听课"又有何意义?校长应真正认识到听课的重要性,想方设法挤出时间去听课,并以此促进教师之间的相互听课活动。

(2) 校长听课中普遍存在的另外一个问题是听校内的课多,听校外的课少。学校与学校之间既有差异性,也有极大的相似性。校长听课不能局限于校内,还应该听一定数量的其他学校教师的课,学习其他学校的成功经验,加强学校与学校之间的联系。另外,评课与示范是听课的自然延伸,与听课互为一体,但有些校长却对评课与示范不够重视,评课走过场的现象大量存在,有的校长甚至从来没有上过"示范课"。我们认为,一个好的校长首先应是一名好教师,并且是"首席教师",要能给教师强有力的影响和有效的

---

① [苏]苏霍姆林斯基.给教师的建议[M].杜殿坤,译.北京:教育科学出版社,1984:427.

指导。尤其是在课程改革的过程中，校长不仅要充分认识课程改革的重大意义，领会课程改革的目标、课程结构、课程标准、教学要求、课程评价的精神实质以及各学科的课程标准，牢牢掌握课程改革的主动权，而且还要直接参与课程实施，做课程改革的忠实实践者、不懈探索者和奋力先行者，要通过自己的课堂教学实践来诠释课程改革的理念，为全校教师作"示范"和"向导"，这种身体力行的行为往往比许多文件和制度更有效。校长在成为校长之前首先是优秀教师，但做了校长之后则往往不再或很少上讲台，渐渐脱离了教学实际，这是一种不正常的现象。当然，我们不能奢望校长样样精通，但要求校长多听课、评课、上一定数量的示范课，这并不是过分的要求。

2. 校长在听课过程中要处理好的关系

根据当前校长听课中存在的一些问题，我们认为校长在听课过程中要处理好以下几对关系：

(1) 课下与课上的关系。有一次，笔者一行五人去一学校听课，上课前五分钟进入教室，有一听课者没有座位，正在寻找，这时猛然听到任课教师对一学生大声说："某某同学，快到办公室再拿一张凳子来！"闻听此言，那男生快步奔向办公室，不一会就气喘吁吁地"抱"着一张凳子进来，那神情之紧张、速度之快显示出唯恐老师对他不满意！笔者之所以用"抱"而没有用"拿"，是因为该生是小学二年级学生，他那双小手还无法"拿"那个凳子，只得抱来。虽然该教师在课上的教学表现无可挑剔，但笔者的心情久久不能平静。从尊敬教师的角度来讲，学生为教师做些力所能及的事情本也无可厚非，但如果教师让学生做的事情超越了他们的年龄、体力所能为，则此事就应该三思了。我们一再强调师生平等，强调尊重学生，强调突出学生的主体地位，这些理念不能仅仅体现在课堂上，还应贯穿于整个教育的过程中。课程实施的评价视野不应仅仅局限于显性的教学活动上，还要看学生的主体性彰显得如何以及教师的教育理念、对师生关系的认识是否体现了课程改革的精神。因此，我们认为，校长在听课时不能仅仅关注教师在课堂上的教学行为，而且也要关注教师课下对学生的态度；不能仅仅就"课"论"课"，要全面评价，处理好课上与课下的关系。

(2) 形式与内容的关系。我们国人有一个"重形式"的顽疾，遇事喜欢渲染、热闹和排场，如名目繁多的"典礼"，要有标语，有鲜花，有乐队，有领导讲话，有明星出场，等等，似乎这样才够重视，才能把以后的事情做好。笔者不反对必要的形式，但如果这种形式劳民伤财而又没有实际效用，则就值得我们深思了。值得引起注意的是这种重"形式"的社会流弊也在不知不觉中走进了课堂,表现为某些公开课几乎成了"作秀"表演,无论是听课的人还是讲课的人都彼此"心照不宣"——平时的课堂教学不都是这样的。上课前,教师对学生"三令五申":好好准备、遵守纪律!为了按教师事先的安排回答问题,学生们把答案背了一遍又一遍,唯恐"战场"上出错;不管学生愿不愿意、喜不喜欢,他们有时要上两次甚至三次同样的课。在上公开课时,被提问的多是"优秀生",那些不是教师心目中的"好学生",即使第一个举手,即使他把手举的最高,教师也往往不让他回答。教师之所以这样做,是因为他对这部分学生的回答没把握,恐怕打乱了他精心策划的"表演"。有些教师平时很少使用现代教育技术,更谈不上制作和使用多媒体课件,但上公开课时,却很少有人不使用多媒体技术。笔者曾听过一节初中物理课:教师把全班同学分成四个小组,进行分组实验。实验过程中,学生争先恐后地发表自己的观点,提出自己的见解,批评别人的错误。之后,各小组推举代表宣讲通过实验得出的结论,教师只进行简短的点评就下课了。下课后,笔者问学生:这节课的内容弄懂了吗?你是否认为老师讲得太少?对于第一个问题,学生肯定地点头,说:"都懂了!";对于第二个问题,学生的回答是:"我们喜欢老师这样教!"教师在课堂上没有更多地表现自己,没有"作秀",但学生掌握了教学内容,也喜欢老师的讲课方式,这同样值得我们深思。教得好坏,不在于教师讲了多少,而在于学生学会了多少,教学的落脚点在学。所以,校长在听课时,不能仅仅关注教师的形式表演,更重要的是要看学生学得如何,即处理好形式与内容的关系。

(3)大事与小事的关系。小组讨论是中小学教师经常采用的教学组织形式之一。教师在发布小组讨论教学命令时,一般是安排两人或四人一组;在班级人数为奇数的情况下,如果教师没有及时言明让最后一名同学就近加入某小组活动,他(她)往往不敢自作主张。笔者多次发现:坐在最后的一名同学在小组讨论时成了"孤家寡人",默默地"自言自语",脸上所流露出的那种被冷落、被忽视甚是委屈的表情让人看了鼻子酸酸的。当笔者课下问及这一问题时,许多教师的回答是班级人数太多,这类"小事"顾不过来,好像笔者是在"吹毛求疵"。怎样看待这类"小"问题?相当一部分教师认为,这类问题小得不能再小,普遍得不能再普遍了。笔者认为,此类看似"小事"的事,却是忽视学生主体地位的一种表现,这样的"小事"同样应该引起教师的重视,因为每一个学生都应该拥有同等的学习机会和权利,此类教师眼中的"小事"对学生来说是"大事"。如果这样的"小事"经常发生在某一个学生身上,则易使其形成厌学、自卑甚至仇恨的心理。对于教师来说,解决此类问题并不难,只要上课前或当时告诉该生就近加入某一个小组活动就可以了。如此应为、能为的事情,我们有何理由不为呢?学生的主体地位要体现在教学过程的各个环节中和每位学生身上。所以,校长在听课时,不仅要关注"大事",也要关注"小事"。

(4)观察与记录的关系。听课记录是重要的教学资料,是教学指导与评价的重要依据。校长在听课时理应全面、具体、详细地记录师生的双边活动、教法选择、学法运用、练习设计、课堂的亮点与失误等,这是因为有些细节转瞬即逝,听课者如忽略某些细节,可能会影响教学的整体评价。但问题是:在听课过程中,观察与记录是一对矛盾,往往顾此失彼。如何处理观察与记录的关系呢?以下是我们的建议:一是当观察与记录严重冲突时,应以观察为主,这是因为记录可以后补,而教师和学生的课堂行为不可回放。二是要预先印制条目清晰的听课记录本,将要记录的项目格式化,如将听课时间、学科、班级、执教者、教学过程、教学环节、教学内容、教学时采用的方法、各个教学环节的时间安排、学生活动情况、教学效果等项目列成表格,听课时只要在相应栏目中划上预先设置的符号就可以了。三是利用录音笔、摄像机等现代设备,使课堂音像可以回放。四是不要过多讲究听课记录的整洁与条理(如果需要整洁与条理,可以课后整理),重要的是捕捉尽可能多的有价值的信息。

(5)听与评的关系。评课与听课是一个整体,二者应密切相连、互动生成。不听则无法评,只听不评则达不到促进教学、提高教学质量的目的。由于种种原因,许多校长重听而寡评,尤其是缺少系统深入地评,致使听课失去了应有的价值和意义。在此,我们对校长的评课提几点建议:一是校长必须是教学的行家里手,评课时出言要慎重,要客观公正,不能随意指手画脚、以势压人。二是校长要掌握不同课程的评价标准,评课要以教育科学理论为指导,不能凭感觉。三是评课要看对象、分层次,因人而异、各有侧重,让不同层次的教师都有收获、有提高。对教学经验较丰富的教师,评课时要有一定的理论深度,要有真知灼见,鼓励他们进一步发挥自己的特长,引导其形成个人特有的教学风格;对勇于改革的教师要充分肯定,多加鼓励,多指导,多帮其总结;对教学能力一般的教师,要多提出解决问题的具体设想和建议;对新教师、青年教师,要满腔热情地给他们出主意、想办法,言传身教;对教学中存在问题较多的教师,要分轻重缓急,针对他们某一方面或几方面的薄弱之处,态度诚恳地提出来,有侧重地加以点拨、指导,逐步解决问题等。四是评课的重点要放在教学的改进上,不能只讲好话、不讲问题,使教师意识不到自己教学中存在的问题;也不能求全责备、不谈优点、只讲问题、吹毛求疵,挫伤教师的积极性。

二、教师的实施责任

"我国基础教育改革贯穿着这样一个清晰的逻辑:教育改革的核心环节是课程改革;课程改革的核心环节是课堂教学;课堂教学的核心环节是教师的专业发展。"[①]多年来,学者们从不同角度和层面对课堂教学进行了研究,许多一线教师也对课堂教学进行了改革实践探索,在课堂组织形式、教学方法、教学技术应用、学生学习兴趣与主动性的激发等方面也积累了一些经验,但不可否认的一个事实是:课程改革进行到现在,中小学的课堂教学没有发生实质性的变化。可以说,在当前新课程改革中,课堂教学改革已成为一个攻坚阵地,而课堂教学的一线实施者是教师,其课堂教学改革的实际质量与效果,将直接关系到新课程改革的成败。因此,教师应不断提高专业发展水平,承担起课程改革具体实施者的责任。我们认为,教师专业发展中的众多论说和向度都可以归结为四个问题,即转变教学观念、拥有教学能力、生成教学智慧、走向教学幸福。转变教学观念是前提,拥有教学能力、生成教学智慧是核心,走向教学幸福是终极目标。下面,我们从课堂教学的视角出发,对教师专业发展中的观念、能力、智慧问题进行阐述,幸福问题将在第八章进行集中论述。

(一) 转变教学观念

课堂教学不是教师的表演,而主要是指"有助于学生成长的教学",也就是说,课堂教学要从"教的课堂"转型为"学的课堂",但纵观当前的课堂教学现状,我们发现许多教师的课堂教学并没有真正实现这种转型,表现在以教师为中心、以教材为中心的课堂行为特征仍然是非常明显的。对于广大教师来说,转变教学观念是实现课堂教学转型的首要问题,这是因为教学观念具有先导功能,古今中外每次重大的教学改革都是以教学观念的变革为先导的。同时,教学观念又具有统整功能,教师需要以教学观念为主导对教学目的、教学内容、教学方法、教学组织形式、教学物质条件等各种教学要素进行统整,进而表现为教学行为。对教师来讲,在课堂教学转型的过程中以下几种教学观念的确立是十分必要的。

---

① 钟启泉."有效教学"研究的价值[J].教育研究,2007(6).

1. 教学价值观

从生命价值的角度来说,课堂教学应彰显师生的主体性。课堂学习是学生学校生活的最基本构成,课堂教学的整体质量会直接影响到学生今天的茁壮成长和明天的可持续发展,因此课堂教学过程应是学生生命活力焕发、生命价值不断显现的生动活泼的生活过程。在课堂教学生活中,教师应该让学生根据自己的兴趣和理解,能动地认识和改造知识,赋予知识以个性化的意义,使学生的生命活力在积极、主动参与的过程中充分地表现出来,体现出学生的生命价值。对教师而言,课堂教学是其职业生活的主要组成部分,也是其专业水平和生命价值的直接体现。课堂教学的有效与否会直接影响教师对自身职业的感受与态度。千百年来,我们一直将教师放在一个为社会做无私奉献的位置上,把教师职业比喻为蜡烛、春蚕,反映了人们对教师和教师职业的敬重,这本身没有错,但我们不能忽视教师也是一个具有主体意识的人,也有自己的主体性需求,也要建立自己的精神家园、彰显自身的生命价值。对教师而言,课堂教学不应只是仅仅为了学生成长与发展的单向付出的过程,也应该是教师自身生命价值体现和人生完美的达成过程。

2. 教学过程观

从知识传播与生成的角度来讲,课堂教学应是一个使知识由非生命载体向生命载体的转化过程。由于忽视了知识生命载体自身的生命活动,传统的课堂教学把应该充满生命活力的知识学习过程变成了简单的传递与接受过程,使课堂教学畸变为一种注入式、灌输式的僵化、机械活动。课堂教学不应只是书本知识的简单传递与接受过程,而也应是知识的生成与生长过程。一般说来,课堂教学过程中的知识生成与生长过程,可以概括为"教材知识—教师的知识—学生的知识"这样一个过程。教材知识是通过文字、语言、符号所表现出来的确定性知识,它凭借各种非生命物质载体实现其外化与客体化,这时知识的生命活力隐含于非生命的物质载体之中。在知识的传播过程中,这些非生命载体知识的生命活力一般情况下是不会自发地显现的,需要有一种"力量"激活它,使之从非生命载体向生命载体运动。在课堂教学过程中,这种激活的力量主要来自于教师。在对教材知识进行再开发、再创造的过程中,教师应将教材知识激活起来,再依照自身的认知特点和风格,对教材知识进行重组和整合,形成具有教师个性特征的知识。也就是说,教师首先应该把教材知识内化为自己的知识,完成教材知识由非生命载体向生命载体运动的第一阶段。教师在课堂教学中传播的知识应该是这种具有生命活力和教师个性特征的知识,而不应仅仅是教材知识的简单复制。教师的知识向学生的知识的运动发展过程是教材知识由非生命载体向生命载体运动的第二阶段,这一阶段的主要任务是学生知识的生成。首先,教师在课堂教学中所播下的知识"种子"应当是已经被激活、具有生命力的。同时,教师要把这种具有生命力的知识"播种"到"沃土"(即课堂教学中学生良好的思维状态)之中,才能保证"种子"的成活,这就要求教师不但要激活知识,而且还要激活学生的思维。其次,当教师将激活的知识种子播种在"沃土"中之后,学生要积极主动地运用自身的智慧,生成具有自身个性品质特征的知识,这样生成的知识将会不断生长、孪生、分蘖,达到知识的自我繁殖目的,从而实现课堂教学的知识掌握、知识创新、知识增值之目标。[①]

3. 师生关系观

从师生关系的角度来说,课堂教学应是师生共同参与、互相合作的过程。在课堂教学活动中,教师是一种资源,学生也是一种资源,共同处于课堂双向互动的流变状态之中。不可否认,学生还是一个不成熟的群体,需要通过教育活动使其得到发展并走向成熟,但我们也必须注意到学生也是一个充满情感、活力、个性的生命群体,学生和教师的人格地位是平等的。在教学中,教师与学生都应充分尊重对方的人格、情感,这是师生之间产生互动、交流、合作的基本前提。构建课堂教学中师生共同参与、互相合作的人际关系,需要教师充分发挥自身的作用。首先,教师要"目中有人"和"心中有人",充分尊重学生的人格,充分尊重学生作为一个社会人所应有的权利、尊严、思维方式和自身发展方向,营造师生平等交流的课堂教学环境。其次,教师要关注每个学生的心理特点、认知能力、社会化程度等方面的差异性,重视课堂教学活动中的情感、动机、信念等人格因素的价值,鼓励学生以积极的态度参与课堂教学活动。

4. 整合课程观

经过几十年的探索,我国形成了完善的国本课程体系,由国家编订统一的教纲、教材及考纲,带有浓重的计划经济时代的痕迹,已不能完全适应当今教学的需要。因此,中共中央国务院在《关于深化教育改革、全面推进素

---

① 王传金,谢利民. 论有效课堂教学的教师基础[J]. 天津师范大学学报(基础教育版),2009(1).

质教育的决定》中提出,要调整和改革课程体系、结构、内容,建立新基础教育课程体系,试行国家课程、地方课程和学校课程三级课程体制。这就要求教师变单一、片面、封闭的小课程观为综合、全面、开放的大课程观,树立整合课程观,将诸种课程进行分析、综合,取其所长,为我所用。

5. 多样方法观

教学方法本身并无优劣之分,只是针对具体教学内容、学生实际而言有效用之别。每一堂课的教学内容都不尽相同,学生的认知水平、心理特征千差万别,教学方法本应多种多样,教学方法研究本应是教学研究中最活跃的领域,但现实并非如此。面对学生全面和谐发展之要求,诸种课程涌入学校之现实,当代教师应树立多样化的教学方法观,以应对复杂多样的教学现实。

6. 多元评价观

教学评价与教学的历程相依相随,只要有对教学质量的思索就会有教学评价。教学评价应该是多元的,既要评价人,又要评价物;既要评价教师,又要评价学生;既要评价学生的知识掌握,又要评价学生的综合素质;等等。但目前的教学评价却走向了单一化,只侧重评价学生的知识掌握,过多关注学生的学习成绩,而相对忽视了其他方面,这与素质教育的要求是相悖的。树立多元化的教学评价观也是当代教师的应然取向之一。

(二)提高教学能力

对教师而言,教学观念要转化为教学行为,体现在课堂教学活动中,直接作用于学生的发展才具有价值,否则只是无实际指导意义的理论口号。也就是说,转变教学观念只是有效课堂教学达成的初始阶段,教师具有相应的教学能力并见之于教学活动之中才是有效课堂教学达成的核心问题。"天上不会掉馅饼",有效课堂教学目标的达成也并非易事,它需要教师不断提高课堂教学能力,不断提高教学素养。从事任何职业都需要相应的能力,教师也不例外。通过文献检索,我们发现在以往对教师教学能力的研究中,学者们对教师的实践能力、交往能力、审美能力、创造能力等几方面研究不够。鉴于此,我们在此主要探讨教师的实践能力、交往能力、审美能力、创造能力等四个方面。

1. 教师的实践能力

世界各国都对教师的学历即知识水平有明确的要求,但教育界的实际情况也表明:有些学历达标,工作态度也不错的教师,其教学效果却达不到应有的要求;许多学历相同、教龄相近、责任心和工作态度相似的教师,其教学效果却差异明显。这就使我们感到困惑:影响教师教学效果的决定因素究竟是什么?西方研究者的考查结果表明:一旦达到或超出一定的智力和知识的"水平线",教师的智力和知识水平就不再是影响其教学效果的重要因素。诺尔·希勒及其同事所罗门等人经过研究得出的结论是:在达到必要的智力和知识水平之后,从事教师工作所不可缺少的思维能力、口头表达能力、组织教学活动的能力等是影响教育效果的决定因素。① 国内的相关研究也表明,教师的理论性知识与学生的学业成绩之间不存在统计上的高相关性,制约教师成功的瓶颈主要是实践能力。那么,随之而来的一个问题是:教师的实践能力包括哪些方面呢?对于这个问题存在着诸多的概念表述,如教师基本功、教学技能、教学技巧、教学能力、教学才能等。这些概念有的在意义上非常接近,有的则在层次上有所差异。② 我们认为,教师的教学技巧发展到一定程度,就表现为教师拥有教学艺术,最终形成自己的教学艺术风格。

(1)教学技巧的功能在于引导学生的学习活动,并控制课堂气氛与学生的注意力,使教学活动能顺利进行。在教学过程中,教师经常需要的教学技巧可归纳为以下几个方面:① 导入的技巧:唤起学生的注意力,刺激学生的学习兴趣。② 强化的技巧:对学生正确的学习行为给予奖赏。③ 变化刺激的技巧:变换感觉的途径,变换交流的模式,变换语言的声调。④ 发问的技巧:训练、改善学生的反应,强调学生的参与程度。⑤ 分组活动的技巧:组织小型的学习小组,指导咨询,鼓励协作。⑥ 教学媒体运用的技巧:板书的设计,教具的使用,现代化教学手段的掌握。⑦ 沟通与表达的技巧:书面语言的使用,口头语言的表达,体态语言的运用。⑧ 结束的技巧:总结学生学习的表现,提出问题的要点,复述学习的重点。⑨ 补救教学的技巧:学生的个别辅导,学生作业的指导等。

(2)教学艺术是教师为达到最佳教学效果,在教学活动中娴熟地运用知识、方法、技巧和创造力的综合表现。教师教学艺术形成和发展的过程是他们在教学实践过程中,综合运用教育学、哲学、社会学、心理学、美学的基

---

① 罗树华,李洪珍.教师能力学[M].济南:山东教育出版社,1997:1.
② 教育部师范教育司.教师专业化的理论与实践[M].北京:人民教育出版社,2003:62.

本原理所进行的创造性实践过程。教学艺术风格是教师教学艺术成熟的个性化标志,一般要经历一个较长期努力的教学艺术实践过程,教师才能形成自己的教学艺术风格。① 教学艺术风格在教学过程中会直接或间接影响学生的个性发展和学习风格的形成。形成自己独特教学艺术风格的教师,其教学活动能与教学规律和学生学习的规律相吻合,能针对不同年级、不同水平的学生和不同的教学环境自由发挥。

2. 教师的交往能力

教育的对象是人,教育工作需要合力,善于沟通、减少误解、构建和谐的人际关系是教师工作的重要方面,这就要求教师要具有人际交往的能力。讲究礼仪、相互尊重、以诚相待、加强合作是教师建构和维系和谐人际关系的基本要求,也是教师提高人际交往能力的出发点。

(1) 教师与教师、学生、家长之间交往时,要讲究礼仪,因为只有讲究礼仪,共同用礼仪来规范彼此的交际活动,才能更好地表达对对方的尊重之情,增进相互之间的了解和友谊。如果不讲究礼仪,即使教师心里很尊重对方,想得到对方的好感,也不会给对方留下好的印象,因为人与人之间的相互观察和了解,一般都是从礼仪开始的。人际关系的融洽离不开一定的情感因素,而一定的情感表达必然要通过一定的礼仪形式。热情的问候、友善的目光、亲切的微笑、文雅的谈吐、得体的举止等,可以唤起人们沟通的欲望,彼此建立起好感和信任。这些看似平常的礼仪形式,就像一条无形的纽带,拉近了教师与教师、学生、家长之间的心理距离,可以营造愉快、和睦的人际关系氛围。

(2) 尊重是建立友好关系的纽带和处理各种人际关系的准则。只有人与人之间彼此尊重,才能保持和谐、愉快的人际关系。尊重包括自尊和尊敬他人,其中以尊敬他人为主。自尊就是要自己尊重自己,保持自己的人格和尊严。一个具有自尊品质的教师,必然注意自身修养,自强不息,因而也会赢得学生、同事和领导的尊重。尊敬他人就是对他人以礼相待,尊重他人的人格、感情、爱好以及所应享有的权力和利益,对人诚心诚意,做到宽厚、宽容、大度。根据马斯洛的需要理论,获得社会、他人的承认和尊重是人类普遍的心理诉求。教师过于严厉、粗暴的批评与训斥,不负责任的冷嘲热讽,

---

① 谢利民.现代课堂教学艺术的特点[J].上海师范大学学报(基础教育版),2006(2).

首先摧毁的是学生的自尊和自信。涉世不深、对人生与社会缺少深刻理解和认识的学生,一旦丧失了做人的尊严和自信,对他们自己以及社会意味着什么,每一个有职业良心的教师都应该是清楚的。全国著名优秀教师魏书生的教育经验中,极为重要的一条就是把对教育的忠诚,对学生的爱,化为尊重学生的具体教育实践。他从未严厉、粗暴地批评训斥过学生,而是通过"优点扩大法"使许多后进生找回了自尊,找回了自信,走上了健康发展的道路。有的学生不喜欢某门课程的原因并不是课程本身存在什么问题,很多情况下是由于不喜欢任课的教师。要使学生接受教师的教育,首先要使学生从情感上接受教师,这是教育中带有规律性的一个问题。在这个问题上有些老师存有片面的认识,他们以为知识渊博就是一个好老师,板起面孔才能维护做教师的职业尊严,其实恰恰相反。

(3) 真诚是做人之本,也是教师的立业之道。人与人相交,贵在交心;人与人相知,贵在知品;人与人相敬,贵在敬德。真诚向来是为人所称道的道德,而虚伪则最遭人厌弃。真诚待人,可广结人缘,拥有众多的同行朋友和社会友人,与学生相处就会感情融洽,即使有点误会或隔阂也能消除,正所谓心诚则灵。虚假处世,只会糊弄一时,终不会长久,必定相交者寡。在礼仪及规范的遵循上,如果你是真诚的,即使你不会仿效对方的做法,也会赢得他人的理解。亲其师,才能信其道。如果学生觉得教师理解他们、信任他们、关心他们,他们也会理解教师、尊敬教师、信任教师,进而敞开心灵的大门,接受教师的教导,听取教师的见解,吸收教师所传授的价值观念、道德标准、文化知识,并转化为自己成长、发展需要的内在信念和意志,用以指导自己的行为。所以,要使教育富有成效,教育者和受教育者之间必须实行有效的沟通,建立起师生间"心理相通"的教育渠道。

(4) 随着社会的进步与发展,学生的心理日趋复杂化、个性日趋多样化,学生、家长、社会对教师的要求与期望越来越高,教师再沿袭"文人相轻、同行是冤家"的陈规,进行"孤军奋战",显然无法适应时代的要求。教师与教师之间建立良好的合作关系,不仅是教育事业发展的需要,也是教师个人成长、成才、体现个人社会价值的需要。正如马克思指出的那样:"只有在集体中,个人才能获得全面发展其才能的手段。"[①]教师之间应加强合作,多交流教学经验,共同分析教学中的重点、难点,共同探讨本学科教学改革的新路子,这对提高教师的整体素质、全面提高教学质量是大有裨益的。教师与教师之间

---

① 马克思恩格斯全集:第 3 卷[M].北京:人民出版社,1979:84.

的交往不能只是一般的人际交往,它应该是相互合作、共同进步的阶梯。

3. 教师的审美能力

教师的审美能力是教师综合素质的外化,它体现在教师工作的一切领域。审美能力既是教师乐教的中介环节,也是教师进一步激发创造性的重要因素。教师的教育与教学都可以归入艺术的范畴,因为教师面对的是"学生心灵的塑造"。只有在教学中追求一种"艺术境界",才能塑造出圣洁的心灵和国家的栋梁。教师应当自觉掌握教育的审美评价尺度,学会以审美的心态看教育、看学生、看自己。日本教育家小原国芳就认为教师要绝对是美的体验者,是有生气的艺术家,是人生的创造者。他曾说过,许多伟大的教育家,与其说是知识渊博的学者,毋宁说是具有优秀艺术天性的才子,是纯情美的体现者。他认为教育本身就是一种艺术,教师要加强自身"美"的修养。他所说的"美"不仅指外表、形式上的美,也包括灵魂美。他认为美育是挽救人类道德不可缺少的组成部分,和德育是不可分割的。他非常欣赏席勒在《美的教养论》一书中所说的"挽救我们一般人道德的是艺术",也赞赏但丁的话"人在崇拜美的过程中,自己逐渐成为完人"。他认为没有艺术、没有美,就会使人如置身于沙漠之中。他建议教育者不仅自身要加强美的修养,而且要对学生进行艺术教育,要让学生吟咏名诗名文、鉴赏好的绘画和音乐。他特别推崇演剧对人格修养的巨大力量,认为演剧是综合艺术,是艺术的高峰。因此,从创办玉川学园起,他一直提倡学校剧,并且著书立说加以推广。在通过文学作品进行情操教育方面,他要求教育者指导学生阅读《伊索寓言》《安徒生童话》以及莎士比亚的三大悲剧、三大喜剧等世界著名作品,他认为这类书籍是人类文化的经典、修身的教科书和塑造人的宝典。在音乐教育方面,他不赞成传统学校以课堂唱歌为中心的枯燥做法,主张采用与儿童生活相结合的"生活音乐",开展课外的"歌声运动",普及一般的音乐教育。他建议教育者要创造条件,让儿童演奏各种乐器,培养儿童的韵律感和节奏感,使学生体验美、感受美,进而提高美的素养。[①] 作为人类总体意识的一种历史积淀,美的意识虽然在一定程度上受先天因素的影响,但更多的是后天获得的。因此,教师审美情趣的自我修炼十分必要。[②]

(1) 教师要保持乐观而积极的生活态度。"美趣"与"生趣"是相互关联

[①] [日]小原国芳.小原国芳教育论著选[M].刘剑乔,等译.北京:人民教育出版社,1993:134.

[②] 陈小英.教师的审美情趣[M].长春:东北师范大学出版社,2001:75-90.

的。一个热爱生活的人,一定也是爱美的;一个爱美的人,一定也热爱生活。个体的生活态度会影响其认知,进而影响其对美的感知。当一个人的生活态度积极时,他所看到的许多事物都是美的;当一个人的生活态度消极时,他的世界就是灰暗的,美的事物在他面前也会黯然失色。教师积极而乐观的生活态度主要取决于他对教师职业的正确态度。一位热爱教育事业的教师,他的审美情趣自然会流露,他所看到的教育是有价值的,学生是可爱的,这样教师的审美情趣就具有了高尚的内涵与真切的表露。

(2) 教师要有强烈的求知欲望。教师审美情趣的一个重要特征就是审美情趣的高品位。审美的高品位的基础是深厚的文化底蕴。这种文化底蕴形成的驱动力就在于个体求知的欲望。在求知欲望的动力作用下,教师会徜徉在书海中流连忘返,会珍惜一切学习知识、拓展思维的机会。长年累月,这种知识的洗礼、思维的锤炼会使人在有意无意间表现出一种高品位的审美。教师求知欲望的根源是教师的自我发展的需要。教师要设立自己的人生目标、职业目标,在理想的动力作用下,激发自己的求知欲望。

(3) 教师要培养一定的艺术爱好。艺术是美的一种集中体现。一定的艺术爱好,不仅能丰富生活,还能陶冶情操。很难想象一位没有任何爱好的人能够具有高品位的审美情趣。艺术爱好能够修身养性,塑造性格,充沛情感。它不仅决定着教师审美情趣的性质和格调,而且对教师的审美能力的提高起推动作用。

(4) 教师在教学实践中要自觉养成和锻炼发现美的能力。培养审美情趣的关键是教师要拥有一双发现美的"眼睛"。在培养发现美的眼睛时,教师一方面要从主观上肯定人生和世界是美的,另一方面要发展自己的感性能力,这一能力决定着发现美和感受美的概率及深刻程度。

4. 教师的创造能力

教师劳动的创造性通过教学过程中的不断探索与发展得以体现,这种探索与发现不仅包括教学方法的更新,教材内容的充盈,教学效果的突破,还包括在实践中不断有所感悟并上升为理论成果。当一个教师勤勤恳恳工作时,我们一般会夸奖他,但夸奖的程度会因其工作中的创造程度不同而不同。如果他只不过是模仿他人,或者有人给他示范"如何做",我们一般给予他很少的夸奖,因为他最多不过是有依照葫芦画瓢的能力而已。如果他只是受到口头指导,仅仅有人告诉他"如何做",我们的夸奖会多一些,因为至少他能理解别人的指导。如果他是照文字材料去做的,我们会因为他懂得阅读,再给他加分。如果他并未凭借任何帮助而摸索出了教学方法,我们会给予他最高的褒奖,因为他的行为具有创造性。

(1)教师职业本来是一个具有很强创造性的职业。教师面对的是每天都在变化发展的学生,而人是最独特、最具魅力的,尤其是中小学生,他们又是富于变化、最具有可塑性的。面对"岁岁年年人不同"的学生,有些教师往往采取"以静制动""以不变应万变"的策略,抱着陈旧的教案"老调重弹"。有些老师总是将自己没有及时更新知识结构的原因归咎于太忙。我们觉得,这是一个似是而非的解释,是将责任外化的一种表现。为什么有些老师能做到教学和科研两头抓,提升自己,主动将自己塑造成为名师,而有些老师一辈子都是教书匠?为什么有些老师不仅教学科研成果优秀,而且通过努力获得了进一步深造的机会,而有些老师则安于现状,"做一天和尚撞一天钟"?为什么有些老师成为学校领导赏识和重点培养的对象,而有些老师则处于默默无闻、被边缘化的境地,有被学校的"末位淘汰制"淘汰的危险呢?先秦时期老子强调,人们凡事首先要自我反省,"反求诸己",一味地怨天尤人是消极的人生观。①

(2)也许有些教师觉得创造能力与自己无缘,认为只有科学家、思想家、艺术家等特殊领域的人才才有创造能力,才可能获得创造性幸福。要走出这个误区,我们需要澄清三点:首先,创造性是我们天生就具有的,任何正常的人,无论年龄大小、成就高低,都可以进行创造活动。卡尔·罗杰斯在他的《论人生》中指出:"儿童与小伙伴发现一种新的游戏;爱因斯坦发现相对论;家庭主妇做出了一种新的调肉汁;青年作者写出第一篇小说;所有这一些活动,根据我们的定义,都是创造性活动,至于哪一种活动更具创造力,我们也没有标准来评判。"②其次,创造性虽然人人具备,但不一定人人都意识到,并不是每个人的创造性都会自然而然地发展起来和显现出来。有些人直觉到自己在某方面具备创造性,努力发挥自己的创造性,使自己过上创造性生活,而有些人却对自己的创造性浑然不觉,因为人的创造性往往以潜在的形式存在,或在日常生活、工作、学习中以不明显的方式表现出来而不为人们注意,因而人们常常熟视无睹,不以为然,把它轻易忽略了。因此,很多人对自己潜在的创造性了解很少。人们的创造性潜力就像漂浮在大海中

---

① 金忠明,林炊利.走出教师职业倦怠的误区[M].上海:华东师范大学出版社,2006:9.

② 转引自詹姆斯·梅普斯.魔术思维:生活创新的18种策略[M].王修芹,等译.北京:新华出版社,2002:25.

的冰山,我们看到的只是它露出水面的那极小的一部分,而它的绝大部分却被我们忽视,或者说被无尽的自卑的海水所淹没。

(三) 生成教学智慧

教师的教学能力与素养积淀到一定程度就会使教师拥有教学智慧。教学智慧体现在教师的认知、评价、决策和操作的各种活动中,是教师的特有能力,是一种隐性的、潜在的能力,是教师灵性的集中体现。教学智慧并不是自然而然就会拥有的,它需要教师不断地学习、实践与开发。其实,每一个教师都具有教学智慧的潜力,关键是我们运不运用它。教学智慧不仅是不竭的源泉,而且越运用越充足、越丰富。尽管不同教师教学智慧的潜能有差异,教学智慧的水平也有差异,但有一点是我们所认同的:所有教师的智慧水平是与其运用成正比的,越是使用,其教学智慧水平越高。一般来说,教师教学智慧的生成大致要经历三个阶段:

1. 模仿阶段

由于缺乏足够的教学经验和独立教学工作的能力,新教师在从事教学之初,一般都要模仿自己所敬佩的教师或周围同事的教学操作式样,从套用他人的教学模式开始。在这一阶段的教学活动中,教师所表现出来的较为显著的特点是模仿性成分较多,而缺乏有个性的成分,比较明显的外露表现就是对教学参考资料、集体备课活动的依赖性,教材处理方法和教学方法选择的单一性,注意力多集中在如何正确、清楚地叙述教材内容,很难做到关注学生的学习活动,学生则处于被动接受式学习状态。这时,教师对教学智慧的探索还仅仅处于萌芽状态。

2. 独立阶段

伴随着教学经验的不断丰富和自主意识的不断提高,教师的课堂教学会逐步由模仿阶段进入独立阶段。在这一阶段,教师开始逐步摆脱他人教学式样对自己的影响和束缚,教学的主观能动性开始占据主导地位。这时他们能够成功地把他人的教学经验吸收转化为适合自己特点的行动策略;能够针对教学内容和学生学习的特点,独立地对课堂教学进行设计;能够运用自己的表达方式进行教学;能够调动学生在教学过程中的积极性、主动性。

3. 创造阶段

在创造阶段,教师开始根据自身的优势和学生的实际情况,有意识、有目的地进行教学创新。在这一阶段,教师的教学一般会呈现出如下特点:能够灵活运用教学方法,自觉地探索教学结构的最优化,在教学的导入、教学内容的衔接、教学节奏的控制、教学环节的设计中都努力体现出创新;能够有针对性地研究学生学习的规律与心理活动特征,充分利用情感因素调动学生学习的情绪,力争使每个学生都获得最好的发展。这时,教师的课堂教学会呈现出浓厚的个性风格色彩,逐渐生成教学智慧。拥有教学智慧的教师能针对不同年级、不同水平的学生和不同的教学环境,进入自由充分的发挥状态,使有效课堂教学得以达成。

三、研究者的学术责任

基础教育研究者应该具有什么样的学术品格?在课程改革中应承担什么责任?这似乎是不难回答的问题,但现实中存在的诸多问题和种种学术不端行为又使我们想到知与行并非简单的对应关系。比如,笔者在参加一个有关课程改革的学术会议后,心情非常复杂。让我不明白甚至感到困惑的是:课程改革是由诸多专家所倡导的,并经常到基层学校指导实践,但为什么有的专家又把自己定位为一个"旁观的看客",对课程改革横加指责呢?课程改革已经推进这么长时间了,无论如何我们都不可能回到过去了,因此对于课程改革,我们不能简单地抱怨,更不应该做一个旁观的看客,而需要脚踏实地地研究问题、解决问题,不断调整和矫正改革的航标。对于当前课程改革中存在的问题,我们需要辩证地思考,需要区分改革中问题的性质,到底是实施的问题,还是政策的问题,抑或是理念的问题。哪一个方面存在问题,我们就应研究哪些问题,切莫因为某些具体问题的存在就把课程改革一耙子打死,这不是一种理性的态度。或许有人会说,难道新课程改革就没有值得批评的地方吗?难道新课程改革就不能允许不同的声音存在吗?否也,对于健康的批评与讨论,我们举双手赞成,毕竟任何改革在推进的过程中都会产生许多问题。研究者的责任应该是站在理性的立场上,客观公正地看待这些问题,踏踏实实地研究这些问题,为解决这些问题提供学术支持,避免主观、武断或者简单拍脑袋的"大嘴巴"行为。近年来,教育研究领域不断涌现出新观点、新理论、新著作,迎来了蓬勃发展的新时期,但我们也应该清醒地认识到:当前的教育研究,尤其是基础教育课程改革研究在欣欣向荣的同时也存在着一定程度的假性繁荣,如著作虽然越来越多,但原始创新不多,抄袭临摹者有之,无病呻吟者亦有之,对改革实践的指导力不强,一线教师常常抱怨教育理论的空洞乏味。这种假性繁荣的原因固然是多方面的,但基础教育研究工作者的学术品格无疑是很重要的一方面。我们应该认真思考这样一些问题:我们应怎样从事教育科学研究,应以什么样的研究风格融入教育科研队伍,应具有什么样的学术品格,应当为课程改革承担什么责任,等等。最近一段时间,在繁杂的工作之余,笔者远离流俗的纷扰,摒弃想为而不能为的急躁情绪,抱着不为而为、为而不为的淡泊心态,怀着崇敬的心情拜读了《李秉德教育文选》(教育科学出版社,1997)、《刘佛年教育文选》(华东师大出版社,1999)、《顾明远教育文选》(教育科学出版社,1998),感受颇深,获益匪浅,对老一代教育家的学术品格有了肤浅认识,便述来与同仁分享,也许有助于我们回答上述问题。

(一)致力理论与实践相结合

在教育领域,理论与实践相结合的问题一直没有得到很好地解决,"两张皮"的现象一直存在,理论工作者与实践工作者之间常常相互埋怨与指责。造成这一问题成为顽疾的原因当然是多方面的,如理论既不是空穴来风,也不是药到病除的处方,换言之,理论与实践不是一一对应的关系,理论具有层次性等,但理论工作者的实践意识不强,对教育教学实际情况不甚了解,研究工作缺乏针对性无疑是重要的原因之一。在拜读文选的过程中,笔者常常为三位老一代教育家强烈的实践意识所感染,他们不仅撰文呼吁"理论工作者要面对教育实践,并要尽可能参与实践活动,决不可一直坐在书斋里苦思冥想、闭门造车"[1],而且身体力行,深入教育教学实际,解决了许多实践中的具体问题。顾明远先生长期关注中小学的"愉快教育"教改实验,提倡学生的"乐学"。刘佛年先生多次深入顾泠沅数学教改实验学校,后来他撰文指出"这个经验无论对教改实践或教育理论都有重要的意义"[2],极大地鼓舞了以顾泠沅为首的教改人员的信心,在全国掀起了学习"青浦经验"的热潮,使"青浦"成为全国教改的一面旗帜。李秉德先生更是几十年如一日,一直参与和关注中小学教育教学实践,1934年,大学刚毕业的李秉德先生就应李廉方先生之邀到开封教育实验区大花园实验学校工作,那时他就深深体会到"搞教育工作光讲大道理、空道理不行,还得会脚踏实地地干活"[3]。新中国成立后,李秉德先生不仅潜心研究教育理论,成为新中国第一代教育学博士生导师中的一员,而且还曾亲自到小学授课,后来他被推选

---

  [1] 李秉德.李秉德教育文选[M].北京:教育科学出版社,1997:189.
  [2] 刘佛年.刘佛年教育文选[M].上海:华东师范大学出版社,1999:322.
  [3] 李秉德.李秉德教育文选[M].北京:教育科学出版社,1997:372.

为全国小学语文教学研究会副会长,他的专著《小学语文教学方法》被国内多家出版社重印。李先生常常教导他的学生:一是要把所学到的教育教学理论真正用到实际工作中去,二是教育教学活动要有理论依据,这两方面结合起来就是理论与实践相结合的学风,也是搞教育科学研究必须遵循的一个重要原则。

(二)提高理论的科学性与预见性

对实践经验加以总结概括并进行理论提炼,从而为以后的实践提供借鉴,是教育研究的主要路径之一,但理论不能总跟在实践后面亦步亦趋,我们还要发挥理论的另外一个重要功能——预见性,从而更好地指导实践。当然,理论的预见性不是毫无根据的空想与妄想,它是研究者凭借自己坚实的理论功底和睿智的头脑对事物发展所作出的科学预测。教育是人为和为人的事业,它的不可再生性对教育理论的预见性提出了更高的要求。也就是说,教育理论的预见性必须具有较高的科学性,这样才能尽可能地减少教育实践中的失误与盲目。在这方面,老一代教育家也为我们作出了榜样,他们明察秋毫、高瞻远瞩的前沿意识及预测教育教学实践未来走向的敏锐眼光,常常使我们不禁掩卷沉思、感慨万千。1979年,刘佛年先生就意识到学生的负担太重,当时他就指出这个问题,"如果不及时引起大家注意,这种现象还会变得更严重、更普遍"[①]。时至今日,我们依靠政府行政命令,高呼着"素质教育"的口号,却仍然没有很好地解决中小学生学业负担过重的问题,由此引发了一系列的社会问题。目前,教育界谈论较多的另一个话题是"创新教育",对此刘佛年先生也早有论述。1979年,他在接受《人民日报》记者采访时就指出,现在一般考试还不太注意鼓励学生的创造性,对我们的"四个现代化"来说,培养有创造性的人是非常重要的。1985年,他又撰文指出:"我们现在的教学,不改是不行了。……根本不去发挥学生的创造性,有时还要压制学生的创造性,不让学生多主动地想一些,动一点,说一点。"[②] 研读先生旧作,综观当今教育教学实际,我们常常感慨万千,深深地被老一代教育家高度的理论预见性所折服。同时,我们也常常发问:为什么非要等到问题非解决不可的地步才去解决呢?我们要听一听理论工作者的呼声,先行一步,防患于未然。

---

① 刘佛年.刘佛年教育文选[M].上海:华东师范大学出版社,1999:179.
② 刘佛年.刘佛年教育文选[M].上海:华东师范大学出版社,1999:262.

（三）跨越学科边界，拓宽研究思路

新中国成立后，我国推行的是专业教育，形成了典型的专业教育体制。这种条块分割式的教育不仅表现在学科之间的互不相通，而且也体现在学科内的逐渐分化和过分细化上。近年来，我们逐渐意识到专业的过分细化不仅不利于人才的培养，而且也不利于学科的发展，正如有的学者所认为的那样：森严的学科边界成了现代教育学术研究的羁绊，成了学术成就引入的屏障，限制了学术人员的开放性。① 在拜读文选的过程中，我们发现老一代教育家的学术研究并没有被传统的专业划分所囿，他们的学术兴趣十分广泛，研究范域非常广阔，并且在诸多领域都取得了丰硕的成果。顾明远先生的研究涉及基础教育、高等教育、师范教育、比较教育、教育技术、教育科学研究方法等诸多方面。李秉德先生的研究集中在教学论、教育科学研究方法、语文教学等领域。刘佛年先生的研究成果既有对国内教育问题的深刻见解，又有对国外教育理论的批判与汲取；既有对中小学教育中"细小问题"的分析，也有对事关教育发展的全局性问题的探讨。正是这种宽广的研究视界及丰硕的成果奠定了老一代教育家的学术地位，使其赢得了教育界的普遍尊重。因此，我们在抱怨专业过于细化的同时，也要从研究人员自身方面找一找原因。我们认为，"森严的学科边界"不是学科自身的问题，学科只是学科，它不能决定研究人员研究它或不研究它，问题的关键还在于我们人为地划定了各自的研究领域，而不去涉足其他领域，从而造成了研究视野的狭窄，形成了故步自封的学术思维定式。一方面，我们提倡对问题进行深度研究，反对学术上的浅尝辄止、蜻蜓点水作风；另一方面，我们也要鼓励教育研究人员跨越学科边界、拓宽研究思路，这不仅是教育研究自身繁荣的需要，也是造就学术大师、尽快形成我国教育学派的需要。

（四）严谨治学态度，践行朴实文风

在拜读三位老一代教育家文选的过程中，他们的文风之朴实、语言之流畅也给笔者留下了极其深刻的印象。他们深入浅出的语言功力及有理有据的论证方法都值得我们这些后学之人模仿与借鉴；他们有话则长，无话则短，决不"无病呻吟"的治学态度更值得我们学习与反思。目前，我国的基础教育研究可以说是达到了空前繁荣，各类教育期刊及各级出版社为研究者

---

① 石鸥.艰难的发展：被边界困住了的教育学[J].教师教育研究，1999(2).

提供了发表自己见解的广阔空间。综观发表的文章和出版的著作,既有堪称上乘之作的学术精品,也有许多质量不高的作品。有的文章和著作晦涩难懂,让人读后不知所云;有的硕士和博士论文也是"哲学味"越来越浓;长句越来越多;许多教育学者的著作主观评判过多,而事实描述欠缺,违背"论从'实'出"的原则。由于教育本身的复杂性、实践性,教育科学"新八股"单一的著述形式不足以完整地表达研究者对教育的理解。从柏拉图以来,教育著述的表达式经历了对话体、散文体到规范的论文体,从隐喻性、体验性表达到独白性、说服性表达的嬗变,我们的教育著述也经历了格言式、散文式、论文式的变迁。我们在追求严谨的思想路径的同时,也可以适当增加表达方式的灵活性,增强教育著述的张力和启发性。追求教育科学研究的规范性是完全必要的,但这决不意味着教育著述可以脱离平民大众,而独自走向抽象、玄奥的象牙塔,我们还应以对教育现实问题的关切、对教育真谛的执着和教育"思想"的魅力去吸引人、打动人、激励人。这并不是说教育科学研究要降低理论品质,而恰恰是教育科学要提高自身的理论品质来赢得其在人文社会科学和社会生活中的地位。[1] 我们著书立说是用来给人看的,要解决一些具体问题,所以著作不是越"哲学"越好,不是越长、越厚越说明作者水平高,关键是你的作品要让人看明白,看了之后有收获。因此,向老一代教育家学习,倡导"板凳宁坐十年冷、文章不要半句空"的严谨治学态度,提倡朴实无华的文风,仍然具有深远的现实意义。

---

[1] 刘尧.中国教育科学研究的反思与改造述评[J].当代教育科学,2004(9).

第七章 课程改革中的力量博弈

纵观教育发展史,任何一次教育改革,不管是成功还是失败,都或多或少、或轻或重地伴有争议、抗争、阵痛,都要面对如何处理改革和继承、传统和现代的关系等问题。我国新一轮基础教育课程改革进程中出现的一些争议,诸如是否轻视了知识、是否脱离了中国国情等基本立场和基本出发点问题,还如"狼牙山五壮士""鲁迅文章"的在场与退场等具体问题,实际上都和"传统"有关,即如何看待和处理改革与继承的关系。基础教育课程改革触动的是教育的"基础","命中注定"它要与"传统"发生千丝万缕的关系。一方面,已有的成熟的课程传统可以成为改革的优势和基础,使改革避免"真空游离";另一方面,现有的课程框架、运行机制和思维方式等也极易成为改革的阻力和羁绊,使改革步履维艰。因此,如何处理改革与继承的关系,使传统最大可能地成为改革的基础和优势,进而促进改革的健康运行,是课程改革设计之初和推进过程中都必须要面对的问题。

一、传统及其相关概念梳理

在讨论基础教育课程改革中的传统问题之前,我们有必要澄清传统以及与传统密切相关的几个重要概念,这是因为有时有些人对经常使用和谈论的一些语词的含义并不十分清楚,对某些问题有不同看法和争论,有时是由于对同一概念的不同理解造成的。比如,我们生活在传统之中,承载着传统,体验着传统,也审视和改变着传统,但什么是传统?它的内涵和外延是什么?我们常谈耳熟的这个词到底指什么?是指某种过去了的东西吗?对于这些问题并非所有的人都明了,身在其中而不知其真面目。不能真正理解其本质意义也就罢了,可有时误读、误会、误解"传统"的现象时有发生,对传统进行指手画脚式的狂轰滥炸之人处处可见,正如有的学者所言,"生活的辩证法往往是这样的:一些大有可疑的道理,被视为金科玉律,一些不言而喻的原则,却争论不休。在关于传统的争论中,便有这种情况。围绕着什么是传统、对传统的评价、传统与现实的关系等问题,常常引起争论。一段时间争论平息了，过一段时间争论又起来了"①。因此，我们认为有必要澄清传统之内涵，为传统正名，并对与传统密切相关的文化传统、传统文化、教育传统、传统教育等概念进行梳理，以便在同一个话语系统和共同的理解中探讨问题。

（一）传统

考察一个概念的基本意义，最简单、最直接、最常用的办法莫过于查阅权威辞书。《辞海》对"传统"的解释是：历史上流传下来的社会习惯力量，存在于制度、思想、文化、道德等各个领域。从范围分，有家庭、团体、地区、民族、国家等区别，对人们的社会行为有无形的控制作用。传统是历史发展继承性的表现，在阶级社会里，传统具有阶级性和民族性。某些积极的传统因素对社会发展起着促进作用。②

《哲学大辞典》中对"传统"的释义是：传统（tradition）即"文化传统"。文化学、文化史学术语。作为中国古代语词系指某种原创性的统绪世代相续，即"君子创业垂统，为可继也"（《孟子·梁惠王下》）。后指单一的统绪相继，如"君统""道统""学统"。近代以来作为文化学意义上的传统，即"文化传统"，指的是一种文化现象，即植根于一个民族生存发展的历史过程中，是这个民族所创造的经由历史凝结而沿传至今并不断流变着的诸文化因素的有机系统；不仅表现为一系列的文化观念，也广泛地存在于这个民族的社会制度、政治生活、经济生活、伦理道德、文化艺术、行为规范、社会习俗之中。其核心部分是作为这个民族的价值体系或民族心理，是一个民族区别于其他民族的文化标志。具体而言，"传统"是一种文化统绪代代相续的变动着的动态过程；在不同的社会历史条件下，"传统"的流变有着不同的形式，或渐变，或变革；"传统"又是多样、丰富、复杂的文化综合体，对于现实来说，它良莠杂陈、瑕瑜相间。对待"传统"，既要反对民族虚无主义，又要反对文化保守主义。③《现代汉语词典》中对"传统"这一词条的解释是：世代相传、具有特点的社会因素，如文化、道德、思想、制度等④，

---

① 朱德生.传统辨[J].北京大学学报（哲学社会科学版），1996(5).
② 辞海[M].上海：上海辞书出版社，1989：242.
③ 金炳华，等.哲学大辞典：修订本[M].上海：上海辞书出版社，2001：178.
④ 中国社会科学院语言研究所词典编辑室.现代汉语词典[M].北京：商务印书馆，1996：194.

这一阐释非常简约,概括性较强。

张立文认为,传统是"人类创造的不同形态的特质经由历史凝聚而沿传着、流变着的诸文化因素构成的有机系统"①。其实,在汉语中,最初"传"和"统"并不是复合词,而是作为两个单词分开使用的。"传"的本义为"驿站",意为"传递""承继",也可理解为"传承下来的事物";"统"的本义为"丝的头绪",引申为"纲纪""准则",亦即"世代相继的事物"。"传统"作为合成词使用大体最早见于《后汉书·东夷传》:"自汉武帝灭朝鲜,使驿通于汉者三十许国,国皆称王,世世传统。"南朝梁沈约在《立太子赦诏》中说:"王公卿,咸以为树元立嫡,有邦所先,守器传统,于斯为重。"在这里,"传统"的意思是指世代传承发展着的名物制度以及精神系统。②

在西方,传统一词的拉丁文为 traditum,意即从过去延传到现在的事物,这也是英语 tradition 一词最基本的含义。美国学者希尔斯认为,延传三代以上的、被人类赋予价值和意义的事物都可以看作是传统,它是一个社会的文化遗产,是人类过去所创造的种种制度、信仰、价值观念和行为方式等构成的表意象征;人类所成就的所有精神范型,所有的信仰或思维范型,所有已形成的社会关系范型,所有的技术惯例,以及所有的物质制品或自然物质,在延传过程中,都可以成为延传对象,成为传统。③

为了使人们更深入地理解什么是传统,希尔斯对"什么不是传统"也进行了论述,比如他认为体验到的情感不是传统,它只是在某一时刻的感觉状况;理性的判断不是传统,它是关于陈述和行动之间一致性的断言;行动不是传统,它是有意图的身体运动,虽然它有时是书面语言或口头语言的表达,并且说明或包含着一种意图;视觉不是传统,它是投入视网膜然后被传达至大脑的形象;科学命题不是传统,对提出命题者来说,它是一种客观存在的观点,它说明事物间的关系;工业生产过程不是传统,它是由许多个人行动组织起来的活动,这些个人行动有的几乎完全是体力的,有的则使用语言,它们通过工具或机器而达到改造物质之形态的目的;行使权威的行为不是传统,它是以书面或口头形式存在的一组词,意在使他人去做某些事,而且实际上常常能够驱使他人作出这类行动;履行仪式不是传统,无论是圣餐

---

① 张立文.传统学引论:中国传统文化的多维反思[M].北京:中国人民大学出版社,1989:5.
② 张传燧,等.论教育传统与教育创新[J].大学教育科学,2007(3).
③ [美]E.希尔斯.论传统[M].傅铿,吕乐,译.上海:上海人民出版社,1991:3.

仪式,还是周年纪念,或是忠于君主的祝酒仪式,这些仪式是一组表达某种情感和信仰的词或身体的运动。希尔斯认为,上述这些情感状态和心理状态本身都不是传统,这些身体运动和社会关系也不是传统,所有这些观念亦不是传统,所有这些东西本身都不是传统。但是,它们都可能以不同的方式作为传统被延传,可能成为传统。它们以某种形式出现,而这些形式几乎总是在不同程度上受到传统的影响或决定,它们反复出现,因为人们将它们当作反复确立的传统加以继承和发扬。也就是说,当传统的延传只是口头的而非文字的,当它只是传闻而非既成事实,当它的事实性判断缺乏根据,当它的规范判断与理性推断没有关系,当它的创始者或发明者是无名的而不是有名姓可查证时,传统才能成为"真正的传统"。[①]

  国内有学者在综合分析东西方对传统理解的基础上,认为"传统"即那些历代因循沿袭下来的具有根本性的模型、模式、准则、精神的总和,它包含五个方面的含义:一是指人类创造物;二是指贯通古今以至未来的某种流变着的根本性的东西;三是指经由历史沿袭传承下来的具有一定特色的思想观念、心理态势、行为模式、思维方式、伦理道德、风俗习惯、宗教信仰、文学艺术、名物、制度等"遗传因子",以及由这些因素所构成的相对稳定、有机复合的整体结构;四是它具有强大生命力,有一个生长、发展、变化的过程;五是它既体现在物质文化、制度文化和行为文化中,又体现在精神文化中,但更多是指精神文化方面的特质,这是因为物质文化、制度文化和行为文化从其本质上来说都是人类精神意识的物质化、制度化和行为化,是精神文化的载体及外在表现形式。[②]

  总之,一般来说,传统是流动的、变化的、发展的、相对的,是肇始于过去、融透于现在、指向和影响未来的一种意识存在,是人类在其发展过程中创造出来并经历代延传下来的根本性的模型、模式、准则、精神的总和。它既是过去的,也是现在的,更是未来的。"传统"和"现代"的界限不是绝对的,而是相对的,二者相互依存、相互转化。传统是由一个个现代所构成的,包含着现代并存在于现代之中;现代既是传统的延续,又构造着传统。每个时代、每个人都既在传统之中又在传统之外,既继承着传统又构建着传统。

---

① [美]E.希尔斯.论传统[M].傅铿,吕乐,译.上海:上海人民出版社,1991:40.
② 张传燧,等.论教育传统与教育创新[J].大学教育科学,2007(3).

（二）文化传统与传统文化

一个民族的传统无疑是与其文化密不可分的。离开了文化，无从寻觅和捉摸传统；没有了传统，也不成其为民族的文化。在许多著作中、文章中、报告中乃至政策性的文件中，我们常常看到"文化传统""传统文化"等字样。惹人麻烦的是，这些概念往往被交叉使用，内容含糊。其实，文化传统与传统文化是完全不同的两个概念。

庞朴先生认为，传统文化的全称是"传统的文化"（traditional culture），落脚在文化，对应于当代文化和外来文化而谓。其内容当为历代存在过的种种物质的、制度的和精神的文化实体和文化意识，例如民族服饰、生活习俗、古典诗文、忠孝观念之类，也就是通常所谓的文化遗产。传统文化产生于过去，带有过去时代的烙印；创成于本民族祖先，带有自己民族的色彩。文化的时代性和民族性，在传统文化身上表现得最为鲜明。各传统文化在其发生的当时，本系应运而生的，因而在历史上都起过积极作用。及至时过境迁，它们或者与时俱进，演化出新的内容与形式；或者抱残守缺，固化为明日黄花和垢土。也有的播迁他邦，重振雄风；也有的生不逢辰，昙花一现，未老而先夭。但是，不管怎样，不管它们内容的深浅、作用的大小、时间的久暂、空间的广狭，只要它们存在过，它们便都是传统文化。[①]

文化传统的全称是"文化的传统"（cultural tradition），落脚在传统。文化传统不具有形的实体，不可抚摸，仿佛无所在，但它却无所不在，既在一切传统文化之中，也在一切现实文化之中，而且还在你我的灵魂之中。套用一下古老的说法，文化传统是形而上的道，传统文化是形而下的器，道在器中，器不离道。文化传统是不死的民族魂，它产生于民族的历代生活，成长于民族的重复实践，形成民族的集体意识和集体无意识。简单说来，文化传统就是民族精神，它支配着人们的行为习俗，控制着人们的情感抒发，左右着人们的审美趣味，规定着人们的价值取向，悬置着人们的终极关怀。个人的意志自由，在这里没有多少绝对意义，正像肉体超不出皮肤一样，个人意志超不出文化传统之外。但也正因如此，文化传统便成了一种无声的指令、凝聚的力量、集团的象征。[②]

简而言之，传统文化与文化传统是两个互相联系又有区别的概念，传统文化是外在的一些客观东西，如器物、典章、制度等；而文化传统却是一

[①②] 庞朴.文化传统与传统文化[J].科学中国人，2003(4).

种内在于人心的东西,指一个民族各种思想规范、观念形态的总体特征,由价值体系、知识经验、思维方式、语言符号等组成。

(三)教育传统与传统教育

传统、文化传统、传统文化等概念的澄清为我们真正明了教育传统与传统教育提供了必要的前提,由此不难推演出教育传统与传统教育的含义。

"教育传统"亦即教育的传统,其中心词是传统,教育是限定词,它是文化传统的重要组成部分,是教育行为和现象的"形而上的道"。正如有的学者所说,教育传统就是指人类在其长期教育实践过程中形成、发展、积淀起来,经由历代因循延传下来的那些对教育的过去、现在和未来发展产生深远影响的根本性的教育的模型、模式、准则、精神的总体系统。由于传统更多地是指精神文化方面的特质,"中国教育传统"则特指在中国教育发生发展历史过程中形成的、至今仍在发展流变着的影响着中国教育的过去、现在和未来发展的那些优秀的"中国教育精神特质"。所谓优秀教育传统,一般指那些反映教育规律,经过历史和实践双重检验的、优秀的、至今仍具有指导和借鉴价值的教育思想、教育理论、教育文化、教育精神和教育品质。[①]

"传统教育"则指传统的教育,中心词是教育,传统则是修饰限定词,它是传统文化的一部分,是指以传统为主要内容的教育行为。作为中华民族广义的传统文化的一部分,中国的传统教育可以分为两部分,一部分是与过去各个时代要求相适应的教育教学制度、办学形式及教学内容、方法,如私塾、科举、背诵四书五经等;另一部分是以儒家教育为代表的中国教育教学思想、方法及相关内容,如"有教无类"、重人格修养、知行结合、启发式教学等。一般说来,前者属于狭义的传统教育,与现代教育无论在时间上还是在空间里都是相分离的;而后者则与现代教育是共时的,是我们现代教育的有机组成部分。

二、课程改革无法脱离传统而独行

人类的进步、社会的发展是建立在前人智慧积淀基础之上的。我们的肌体中流淌着前辈的血液,承载着前人的文化。基础教育课程改革起源于传统而又超越传统,是对传统的继承和发展,无法脱离传统而独行。

---

① 张传燧,等.论教育传统与教育创新[J].大学教育科学,2007(3).

（一）传统不是某种过时的东西，它存在于我们的生活方式之中

传统虽然产生在过去，但它影响甚至决定着我们今天的生活。事实上，我们一直都生活在"过去的掌心中"，试图以统一的速度抛弃所有昔日的事物是不可能的。人类社会保存了许多我们所继承的东西，这不是因为人们热爱这些东西，而是因为我们认识到没有这些东西人类就不能生存下去。如果剥夺掉所有的传统，我们便没有物质资源，也没有知识才能、道德力量和眼光来提供在世界中建设家园所需要的东西，正如黑格尔所说："我们之所以是我们，乃是由于我们有历史。我们在现时中所具备的一切，并不是一下子得来的，也不只是从现在的基础上发展起来的，而是本质上原来就具有的一种遗产，确切地说，乃是一种工作的成果——人类过去各时代工作的成果。"① 后人如果抛开了这种基础，那一切就得从零开始，这就无所谓历史，也无所谓进步了，永远只能在原地踏步。

人的行为和信仰的形成基于每个人的原初遗传天赋以及一代代人所经历和继承的传统沉淀，是一系列的延传、修改以及对当时环境适应的暂时的最终状态。许多行为范型过去被奉行，现在仍然被奉行；大量的信仰过去被拥护，现在仍然被拥护。可以说，我们的所作所为、所思所想，除去其个体特性差异之外，都是对我们出生前人们就一直在做、一直在想的事情的近似重复。正是这种规范性的延传，将逝去的一代与活着的一代联结在社会的根本结构之中。《美国宪法第十八条修正案》意在破除美国社会中消费酒精饮料的传统，那是一项臭名昭著的失败之举。在东欧和印度等国家，统治者从道德和经济理由出发反对饮酒，并试图制止它，但类似的传统并没有被废除。第一次世界大战之后，土耳其、苏联和墨西哥等国家开展了消灭传统宗教信仰的运动，最后也遇到了类似的失败。不管是既定的传统，还是对它的附着，都不能通过命令和暴力威胁来废除。②

每一代人似乎都有机会重起炉灶，阻止过去的事物进入现代，并且使社会面貌一新，然而谁能创造出完全当代的文化和完全当代的制度呢？要创造这种无历史的文化是不可能的。同时，抛弃发挥着作用的整个文化范型也是大多数人所不希望的。即便是某些人希望这样做，即使是这种想法在社会中形成了势力，他们也不能重新再造社会。过去既定的东西之所以会

---

① 黑格尔. 哲学史讲演录[M]. 上海：三联书店，1956：7-8.
② [美]E. 希尔斯. 论传统[M]. 傅铿，吕乐，译. 上海：上海人民出版社，1991：45.

如此广泛地被接受，其主要原因之一是它使生活得以沿着既定的方式进行并根据过去的经验作出预测，从而将预测到的事物转变成不可避免的，再将不可避免的事物转变成可以接受的。即使是对创造性的人物来说，过去也是一个不可回避的行动出发点；对那些创造性不足的人来说，既定的东西就成了被接受和保留的东西，他们一直厮守着他们所接受的东西，直到更有创造精神的人发现或发明了新的范型，以后又成了新的既定事物为止。

传统是某种无形的力量，它之所以能在不同的时代之间"传"之，就是因为它不是一堆可以任人重新排列组合的现成的教条，而是自身有着某种独立生命力的永不枯竭的涌泉。例如，我们常说，民主和科学是北大的传统；可是，如果我们到北大来生活一段时间，便会感到科学与民主的传统顽强地存在，越是在不允许它们合法存在的年月，人们越是能感到这一点。这便证明传统是有某种独立的生命力的。[1]

（二）教育是保存传统的机构之一，课程具有传递文化传统的功能

设想一下，如果某个民族没有自己的传统文化和文化传统，每一天都在从头开始去练习生存本领，其情景当然是不堪设想也是不忍设想的。教育最初的也是最基本的功能是传授，而传授意味着延传某些已经获得公认的东西。认为教育的核心不是延传这些东西，这种想法将会破坏社会和文化的延续，因而殃及受教育者。当然，教育的传授是有选择的，它不能传递它所在社会和文明中所有的传统，人的头脑不可能将它们全部吸收。当然，除了传递传统外，教育还必须传授其他知识，即适合学生的年龄、能力和精力的知识。20世纪之前，儿童教育机构主要是保存原有传统，高等教育亦是如此。后来，教育发生了巨大变化，大学作为教育的最高层次，除了继续发挥传递和解释过去的成就功能外，还担负起了科学的职责，这一职责就是旨在发现未知事物的系统研究。

在教育领域，延传传统的最实在的例子体现在教师和学生的关系之中。教师从他拥有的知识积存中精心挑选出适当的一部分进行传授，同时通过反复灌输唤起学生的感受能力，使他们能够理解传统中的疑难因素。当然，教师与学生都不是唯传统是从的人，而是知识积存的积极发展者和修改者，使这一知识积存在向后传递的过程中被不断改变。波拉尼把传递者和对传统进行修改的接受者之间的前后相继说成是"师徒演

---

[1] 朱德生.传统辨[J].北京大学学报(哲学社会科学版),1996(5).

替"。按照海森堡的观点,传统不仅在教师和学生的关系中得到维持、延传和发展,它还在地位相近的人们之间相互尊重的关系中得到巩固。他们中的某些人在同一组织中共同工作,还有些人在其他国家工作,但是他们都是为了同一目标而奋斗。①

由于文化传统中的价值观念、审美情趣、道德规范、生活方式、风俗与习惯等不可能通过生物遗传的方式保存和传递,因此课程从一开始就成了传递和积存文化传统的重要手段。然而人类积淀的文化传统十分深厚,而学生在校学习的时间是有限的,要解决这个矛盾,课程就必须从文化传统中提炼出精华,即人们在生产、生活中必须具备的最基本的文化。所谓最必需、最基本的文化,就是指这一类文化一方面具有普遍性或共同性,另一方面又具有发生性和起始性;它能适用于广大的空间、较长的时间和众多的事物,是学习者今后学习或从事任何职业都用得着的文化经验。因此我们说,课程所传递的文化传统是人类遗产中具有最广泛的适应性和迁移性的内容。也就是说,课程中传播的价值规范、思想观念等是一个民族、一个社会文化的基本内核,它在使后人对前人所创造的社会文化具有高度适应性的同时,也维持了文化传统,保证了文化传统的延续和相对稳定。②

(三)在课程改革实践中,忽视甚至否定传统是行不通的

第一,历次教育变革的经验告诉我们,要提防比较激进的做法。那些主张彻底改变教育和主张什么都不要改变的人都不正确。事实上,教育就是由继承和变革组成的,一定程度的继承对产生有意义的变革是必要的。阻碍教育进步革新的其实不是文化传统本身,而是对待文化传统的蔑视态度与做法。"经过一个多世纪代价巨大的社会实践,中国人终于懂得了一个道理:未来的陷阱原来不是过去,倒是对过去的不屑一顾。就是说,为了走向未来,需要的不是同过去的一切彻底决裂,甚至将过去彻底砸烂,而应该妥善地利用过去,在过去这块既定的地基上构筑未来大厦。如果眼高于顶,只愿在白纸上描绘未来,那么所走向的绝不会是真正的未来,而只能是过去的某些最糟糕的角落。"③

在全球化、国际化的浪潮中,我国基础教育课程改革追求与国际接轨,

---

① [美]E.希尔斯.论传统[M].傅铿,吕乐,译.上海:上海人民出版社,1991:156.
② 张维忠,薛荣.文化传统与课程[J].西北师大学报(社会科学版),1997(3).
③ 庞朴.文化传统与传统文化[J].科学中国人,2003(4).

追随各种现代的乃至后现代的思潮,却相对忽略了对文化传统的批判性继承。我们在全球化的认识基础上,忽视对本国在全球中的当今位置和可能发展的研究,忽视对西方提出全球化理论和实践的内在规定与价值的辨析。在这种思潮的影响下,产生了盲目引进和急于求成的心态,忽视了教育发展内涵变化的长期性和深刻性,忽视了当代中国教育发展如何从本国的历史和民族文化的精华中汲取营养。我们应以中国教育文化底蕴的独特为本,使民族的优秀传统和精神在当代中国教育中得以再生和重建,使中国教育成为全球教育中不可忽视并具有强大生命力的一员。

第二,"任何的教育改革作为,若是与其定见相符,或者是相差不太远,那么就容易为社会大众所接受,教育改革成果的延续即较为可能;反之,若是教育改革的做法,因为变化的幅度太大,以致与其定见相差太远,甚至产生南辕北辙的窘境,那么就很难为社会大众所接受,而其教育改革成果的延续就根本不可能。"① 改革的阻力是多种多样的,普遍阻力表现为对改革的各方面都反对,这种情况不常见;常见的是有选择的阻力,表现为反对改革的某些方面或某些内容。杜克的研究表明,改革的有选择的阻力有:对可能的变革缺乏了解、以往失败的变革使他们的幻想破灭、厌恶改革人员、悲观主义、对现状非常满意、忙于其他要务、压力、担心失败、不耐烦、时间安排不当等。② 肯特则认为失去控制、过分不确定、变革对熟悉的生活和习惯产生威胁、丢面子、担心将来能否胜任、变革对其他规划及个人生活的影响、更大的工作量、过去存在的不满、变革导致胜者和败者的产生是改革的有选择阻力。③ 克特勒的研究结果表明:对变革需要缺少了解、决定不了该做什么、对将来发生的情况缺乏了解、无力胜任将来的要求、不愿意放弃现在所珍视的东西、渴望保留现状、对将来比现状更好缺乏信心、感觉受到预期结果的威胁、个人对变革承受能力差、不愿意过其他人希望或期盼的

---

① 王健.当代课程改革的合理性反思:基于"有限理性"观[J].教育发展研究,2008(C4).

② Duke Daniel L.. Removing Barriers to Professional Growth[J]. Phi Delta Kappan, 1993(9): 702-704, 710-712.

③ Kanter Rosabeth Moss. "Managing the Human Side of Change." In David A. Kolb, Irwin M. Rubin, Joyce S. Orland (eds.). The Organizational Behavior Reader [M]. Englewood Cliffs, NJ: Prentice-Hall, 1991:674-682.

生活等是改革的有选择阻力。① 根据三个研究人员中至少有两个同时提到的理由,我们可以将人们抵制变革的原因归纳为:赞成现状、缺少了解、焦虑加深、潜在的混乱和不安、失败的风险、对个人生活的潜在影响、工作量增加、对稳定工作的威胁、以往工作引起的敌视态度等。奎因等学者则认为改革的阻力常常来自于对权力的威胁、惯例和机构、资源限制、对传统的依恋、不愿冒险等。② 上述研究表明,人们常常不愿意改变现状和业已形成的行为传统,而改革对人们的行为方式带来了直接的威胁,而这些行为方式是他们经过许多年才养成的。很多教师会产生抵制改革的念头,因为改革常常被他们认为是对现在所做的工作的一种否定,他们不愿意改变现在的职业生活状态,不相信改革会给现状带来改进,那么他们何必要去冒改变现状的风险呢?许多人的大部分工作完全是习惯性的,同时大多数人认为如果所做工作中有一大部分是他们平时不习惯的,则可能做不好,所以如果让教师在熟悉的和未知的行为之间作出选择,他们更愿意选择前者。

课程改革如果坚持"推倒一切重来"的改革哲学,与社会公众习俗、教师的教学惯例等相去甚远甚至截然相反,那么他们就难以接受,他们真正支持课程改革的可能性也就很小,他们真实地按照课程改革的新精神实施教学的可能性则微乎其微,至多只是形式上的模仿式的改变。其中的道理十分简单明了,作为改革实施主体的教师不可能彻底地、轻而易举地抛弃"惯习",因此,不论课程改革的志向多么高远,仅仅从可接受性的角度看,课程改革则必须考虑大众尤其是教师的课程与教学文化传统。

第三,为使课程建设走上稳步健康发展的轨道,课程改革必须植根于民族文化传统的沃土之中,这是因为从文化的传统和发展来看,各民族都有强烈保存自己文化传统的趋向。这种趋向既与人类一定领土范围内的社会生活方式有关,也与人类充分渗透特定文化传统的家庭式子女养育方式有关。心理学家的研究证实,人类个体在幼小年龄阶段所获得的早期经验,对人的一生都具有强烈的铭印作用。各民族在教育儿童的过程中都会自觉或不自觉地把本民族特有的价值观念、思维习惯、民族语言、风俗习惯传递给下一代,这使得在民族文化土壤中成长起来的新一代对本民族的文

---

① Kottler Jeffrey A.. Making Changes Last[M]. London:Brunner-Routledge,2001.

② Quinn Robert E.,Faerman Sue R.,Thompson Michael P.,McGrath Michael R.. Becoming a Master Manager[M]. New York:Wiley,1996:23.

化具有强烈的认同感和亲切的归属感。课程对传统的积淀、传承、选择的最根本目的,全都是希冀通过传统来认识历史、理解现在、达到未来目的。①

称传统文化为祖宗的丰富遗产,说文化传统是我们的宝贵财富,应该是不过分的。但是,如果忘记传统也是一种惰性的力量、保守的因素,它具有钳制人们思想与行动的本性,也将出现某种不堪设想的后果。所以,我们强调基础教育课程改革中对文化传统的敬畏,并不是对传统的无限度迷恋,也不是要简单地回到传统中去抱残守缺,而是要辩证地了解和掌握传统的两重属性,对之进行以事实分析为基础的"批判继承"。应当说,多少年来,我们批判的太多,继承的太少,没有处理好批判与继承的关系。我们必须充分认识到批判只是前提和手段,继承才是目的;批判是为了更好地继承,批判与继承是有机的统一。我们今天对于传统文化的关注,不仅在于保存和传递它,更在于反思与发展它,使它对于现代社会文化的发展产生更多的正面影响,有助于现实问题的处理。

20世纪前半叶一些哲学学说的创立,表现出对传统的强烈批判精神。当代一些哲学学说则表现出以建设性态度重新反思传统的倾向,确认传统的活力,主张在进化中更新传统。如伽达默尔的哲学解释学主张,作为历史所保存的成见总汇的传统是人的理解活动前提,人又以创造性的理解和解释参与传统的进化,使其获得新的意义。麦金泰尔的德性论指出,为了克服现代生活中道德相对主义与怀疑主义危机,应重视研究传统的建构、吸收、发扬亚里士多德哲学传统的精华,研究现代"实践"的合理性,以重建个人与社会的德性。以动态的历史分析和文化与发展多样性的观点来理解,传统和现代性并不截然对立,也不是现代化的路障而是理应会通的。传统不是博物馆的文化标本,不是嵌在历史断层中的精神化石,而是民族文化生命之流在历史长河中进化,并不断因生活实践变迁获得新的意义。②

三、传统在课程改革浪潮中的流变

没有传统,人类便不能生存,但这并不是说在所有时代和所有的地方传统都同样强大,也并不是说传统是不可以改变的。相反,传统不断生成,不断被超越,是活生生的、不断涌现的泉水,是现实性和可能性的辩证统一。

---

① 张维忠,薛荣.文化传统与课程[J].西北师大学报(社会科学版),1997(3).
② 姚介厚.传统·现代性·后现代[J].杭州师范学院学报(社会科学版),2003(6).

（一）传统的变迁与创新

第一，人们的行为并非时时都受传统规则和惯例的指导，人们也没有处处援引传统，也没有通过断言他们的行为符合传统的范型来证实他们行为的合理性。时间在前进，生活在交替，经验在累积，知识在更新，传统中某些成分也会变得无所可用而逐渐淡化以至衰亡，生活中某些新的因素会慢慢积淀并经过筛选整合而成为传统的新成分。但传统并不是自己改变的，它包含着接受变化的潜力并促使人们去改变它。

某些传统的变迁是内在的，也就是说，某些变迁起源于传统内部，并且是由接受它的人所加以改变的。传统是不可或缺的，同时也很少是完美的，因此传统的存在本身就决定了人们要改变它们。继承一项传统并依赖于它的人，同时也被迫去修正它，因为对他来说传统还不够理想，他希望创造出更真实、更完善或更便利的东西。这种变迁并不是由外部环境"强迫他们"作出的，而是他们自身与传统之关系自然成长的结果。内在的变迁通常被促成者认为是改进。[①]

某些传统发生变迁是因为它们所属的环境起了变化。没有一个社会中人们可以完全受传统支配而生活，生活的沉浮和意外事件使人们的行为和信仰从未完全受制于传统，社会得以存在下去也不仅仅是因为它有物体、信仰和范型的积存。即使人们要达到前人已达到的目标，他们也需要去作新观察和新决定，因为他们所处的环境在不断地变化。人们即使要坚持遵循已被确立的范型，也需要设计新范型，因为环境要经历各种不同的变迁，新环境给人们带来了先前不可预见的诸种可能性，并激励人们继续去想象尚未实现的其他可能性。新的环境以及在其中显示出来的新对象的日益突出都改变了传统。传统为了生存下来，就必须适应新环境，迫使人们改变行动或迫使人们部分抛弃、部分取代传统而导致诸种传统的调整。

几种传统的交汇产生了一系列变迁范型，增添是一种最常见的形式。接受者在或多或少地继续保持其以前的行动和信仰的同时，又给自己增添了某种新的东西。当一个社会成员与另一个社会成员以或多或少和平的方式相遇时，增添常常转变成了吸收，以致随着时间的推移，原来传统的其他部分也受到了新增添的因素的影响。

第二，我们生活在什么传统中，并不是我们自由选择的结果。一旦当我

---

① ［美］E.希尔斯.论传统［M］.傅铿，吕乐，译.上海：上海人民出版社，1991：286.

们生活在某种传统中时,我们也就参与了这种传统的创造和发展,即在创造中接受,在接受中创造。换言之,人们在接受传统的同时也在创造传统,所以说传统永远是活生生的、发展的。活生生的东西永远是前进的动力,只有僵死的东西才会成为变革的包袱和阻力。人们改造客观世界的活动,总是从已有的条件开始的,但是从给定的现成的东西开始恰恰是为了要否定给定的和现成的东西,即超越给定的和现成的东西去创造新的现实。这就形成了人的存在方式中所特有的矛盾,理想与现实的矛盾。①

在现实中,几乎没有人主张回到过去,事实上也没有人主张原地停留,但重建一个更牢固、更受欢迎的惯例、信仰或制度的连续体却绝非指日可待。破除一种传统必须同时创建一种更适合环境的、也更富于想象力的新传统。只有在新传统的力量压倒了旧传统的习惯势力之后,旧传统才会逐渐地退出历史舞台,新传统才会赢得人们的广泛支持。否则的话,凭空是不能破除传统的。所谓"不破不立",作为一种规律,事实上应该倒过来说,即"不立不破",因为创造传统比破除传统要困难得多。西方历史上的"新教改革"和"启蒙运动"都是用更有生命力的新传统取代旧传统的过程。②

人是生活在现实中的,只有从现实出发,才能去创造新的未来。也就是说,从现实出发的目的,恰恰是为了超越现实,以便实现某种理想,但理想一旦得到了实现,它便不再是理想而是现实了,人们又会去追求更高的理想。为什么会如此?就是因为人能创造,即能将现实中的潜在的可能性发挥成客观的现实性,即新的现实,而新的现实便意味着新的可能性。现实与理想的相互转化是永无止境的,用思辨的语言来表达这种无止境的过程,即从给定出发达到新的给定,而新的给定恰恰又是新的否定的开端。简言之,人是一种理想型的动物,人们的实践活动是以将来为坐标来规划现在的。理想是在规划着现在,现在也在制约着将来。当然,理想能不能实现还有赖于现在的条件。

(二)课程改革推动传统的流变

从某种意义上说,改革就是对传统的修正、完善或颠覆,但完全颠覆式的改革是不多见的,常见的改革往往是静悄悄的革命。课程本身的继承性和延续性使课程改革往往要面对强大的传统力量,但并不是说课程改革在

---

① 朱德生.传统辨[J].北京大学学报(哲学社会科学版),1996(5).
② [美]E.希尔斯.论传统[M].傅铿,吕乐,译.上海:上海人民出版社,1991:7.

传统面前不能前进，只不过这种进程大多是缓慢的，有时还是钟摆式的。

　　课程在传递文化的过程中，从来就不是简单地复制文化，它或因社会变革、受教育者不同的身心状况以及课程编制者自身价值观的差异而赋予文化传统以新的意义；或因社会要素的重组、整理、融合，使文化传统发生性质、功能等方面的变化，衍生出新的文化要素，迸发文化更新的火花。这些新的文化意义或要素就形成了文化传统的扩展和延伸，这种文化增值的现象实际上就是文化经过某种变异后再生的过程。从文化传播的角度看，课程作为文化传播的一种手段，并不只是简单地保存和传递文化，而更主要的是通过文化增值起到一种强烈的活化作用。如果课程的价值只是把文化的传递凝固在可见的书面材料、文字符号上，则没有起到活化的作用。只有通过课程实践把这种文化转移到学习者这一载体上，使之成为他们参加社会生活的重要经验和手段，这种文化才能在现实中显示出它的生命力和价值。①

　　课程传递、保存和活化文化传统从来都不是一个照搬照抄的过程，而是一种经过教育者和受教育者的双重选择、整理和丰富的过程。这是因为：其一，课程离不开确定和学习教育内容，而确定和学习教育内容的过程实际上就是教育者和受教育者依据社会的需要以及个人的心理倾向、情趣、经验选择文化传统的过程。其二，课程离不开编写教材，这实际上是整理文化传统的过程。经过这种过程使文化传统中的各种特质条理化，也更易为年轻一代所接受。其三，通过课程而实现的文化交流丰富了文化传统。文化交流的途径很多，但在众多手段中，课程仍是其中最积极、最有效的手段之一。这是因为，一方面，课程总是根据明确的教育目的对各种文化加以优胜劣汰，这就能做到合理吸收和融合，能较好地把外民族的某些先进文化的特质纳入到本民族的核心文化体系中去，从而大大减少了在吸收外来文化方面可能出现的盲目性。另一方面，课程承担了传递人类文化精粹的功能，各种类型的文化——科学的、人文的、知识的、技能性的、情意性的等都被有计划地组织到课程中，通过学科课程、活动课程、显性课程、隐蔽课程等多种形式、多种渠道再传递给学习者，这就创设了各种文化相互碰撞、交流、融合的有利环境，为吸收先进文化传统提供了良好条件，从而极大地丰富了民族文化传统。

---

　　① 张维忠，薛荣.文化传统与课程[J].西北师大学报(社会科学版),1997(3).

四、外来理论面对传统的命运

不同的民族拥有不同的文化传统,其不同程度视生活的差异程度和发展阶段而定。不同文化传统之间可以进行比较,但很难作出绝对的价值判断,因为传统对于自己民族来说都是自如的,因而也是合适的;不同民族之间,并无一个绝对标准。不同的传统促成了不同的民族心理、不同的民族情感,所以同一对象在不同的传统中,人们的感觉是不同的,甚至可能是相反的。例如,猫头鹰在西方是智慧的象征,在中国至少在汉族人看来则是不祥之物;万里长城是中华民族的象征,但是没有一定的中华传统文化修养的人是体会不到的。形形色色的民族主义者将自己的传统吹嘘为人类的,并强迫或诱使别人接受,这是没有根据的,也难以奏效。民族内部某些成员鼓动大家效法外族传统,民族领袖规定人民遵循外族传统,都只能停留在宣传上或法令上,而难以深入人心,除非生活已经变化得有了接受的土壤。①

五四运动时期,有许许多多西洋新说蜂拥而来,其中不少说法和做法曾被广泛宣传乃至付诸试验。宣传者、试验者无疑曾是爱国的、赤诚的,很多还是具有献身精神的,但是真正被中国文化接受的却为数不多,其原因可以举出许多,而文化传统的筛选或许起着举足轻重的作用。外部潜入的学说要经过筛选,否则将潜而不能入、入而不能居。用以选择的大筛便是本民族固有的文化传统,包括它的价值取向和时代感、开放性,合则留,不合则拒。中外好多学者分析过马克思主义能在中国安家的根据,许多结论都认为其根据和原因仍在中国的文化传统身上,是中国传统的思维方法、行为规范、价值观念和马克思主义有相通相容之处,因而才有马克思主义的中国化。这也就是说,五四运动时期引入的新说都不过是一些"用",因它们和中国文化传统能相容,被中国文化传统所承认、所接纳,从而附着到中国文化的"体"上,才得以掀起波澜,发生作用,否则将只是一些动听、好看而无所作用的西方夜谭而已。日本、韩国等国家教育现代化的过程也揭示了这样一个基本道理:任何国家的教育现代化都是本国文化传统影响下教育传统的现代化,一个国家教育现代化的过程也是本国民族文化传统复兴、强化和发展的过程。因此,基础教育课程改革与我国的文化传统及教育传统是相辅相成的关系,只有继承文化传统的基础教育课程改革才能促进我国的教育现代化。

---

① 庞朴.文化传统与传统文化[J].科学中国人,2003(4).

第七章 课程改革中的力量博弈

在基础教育课程改革中,我们引入了许多域外课程理论,翻译出版了许多国外的课程著作,这本身没有错,但有一个问题需要引起我们的注意,那就是"将系统化了的那部分科学传统从一个民族社会内传统的各发源地植入同一文明的其他地域,是一件较为容易的事情;这些传统的口传部分则很难进行移植,而系统化的、形成文字的那部分传统要得到有效发展则离不开口传传统。用一个科学发达国家的语言写成的科学著作,在被译成它种文字之后,一般来说不会出现意义上的遗漏,而且它们通常能为另一个国家的学科专家较为有效地阅读。而一个国家的文字著作若被外国人阅读,这种阅读无法达到理解上的准确性;文学著作的译文也很少能达到科学著作译文那种效果"[①]。因此,"拿来主义"在课程改革中是行不通的,外来基础教育课程改革理论面对传统的命运是要经过自己文化传统这个"有机体"的咀嚼、消化和吸收或者叫作整合,也就是我们通常所说的本土化改造,才会促进课程改革的进行。

近几年来,我们在国外课程理论的引入方面取得了可喜成绩,呈现出一派"繁荣景象",但存在的问题是本土化改造不够,往往是一有新的名词出现,大家便趋之若鹜、"生吞活剥",以至于出现了"水土不服"和"消化不良"现象,使许多所谓的"新观念"只是昙花一现,扰乱了我们的视觉,也给教师带来了诸多困惑和无奈。如果把这些学者们都没有很好消化的理论全盘抛给一线教师,变成教师应该接受的课程观念,其后果可想而知。另外一个问题是:我们在引入和翻译国外理论时,缺乏对原著的选择、鉴别和其在原著国的影响考察,致使挑选的原著水平参差不齐,甚至在国外名不见经传的一般学者的著作也被我们奉为至宝,没有代表性的著作可以拿来进行研究,但不适合推给一线教师。

---

① [美]E.希尔斯.论传统[M].傅铿,吕乐,译.上海:上海人民出版社,1991:174.

第八章　课程改革中的精神追求

幸福是所有人的需要和追求,是人生的主题和根本问题。人人都向往、憧憬着幸福,梦想着得到幸福,人的所作所为都是为了幸福,或为了比现在更幸福,正如马克思所说:"在每一个人的意识或感觉中都存在着这样的原理,它们是颠扑不破的原则,是整个历史发展的结果,是无须加以证明的……例如,每个人都追求幸福。"①可以说,没有对幸福的渴求,就没有人类的过去与今天,更没有人类的未来。无论是改造外部自然的活动,还是改造人自身以及由人所组成的社会的活动,都是人类对存在的不完善、不幸福状态的批判与反抗,都是人类对造成这种不完满与不幸福状态的自然、社会环境的批判与改造。②教育之于幸福不是外借于它,而是教育本身的应有之义。从根本上说,教育的终极目的就是使人幸福,教育就是培养人们感受幸福、追求幸福、创造幸福的能力。课程改革是一个过程,但这个过程不应该是痛苦的,而应该是一个充满幸福的过程。换言之,课程改革不能放弃幸福,不能把师生幸福这个环节从它的绝对目的中排除掉,使师生享有改革的过程与结果,幸福是课程改革的应然精神追求和旨归。

一、幸福内涵考量

幸福是一个古老的问题,也是一个众说纷纭、常谈常新的话题。不同的人可以从不同的角度和不同的层面去谈论幸福,似乎每个人都有自己对幸福的独特理解,因此对与"幸福"有关的概念进行定义是一件十分困难的事。一般说来,人们不可能不知道什么是幸福,但这种"知道"不一定是理解,而是感性的"懂"而不是理性的"知"。也就是说,虽然我们经常谈论幸福,但我们并不一定理性地理解了幸福。正如康德所言:"幸福的概念是如此模糊,以致虽然人人都在想得到它,但是,却谁也不能对自己所决意追求或选择的

---

① 马克思恩格斯全集:第42卷[M].北京:人民出版社,1960:373.
② 高兆明.幸福论[M].北京:中国青年出版社,2001:33.

东西,说得清楚明白、条理一贯。"①因此,对幸福进行词源考察,梳理哲学、心理学领域对幸福内涵的阐释,有助于我们更好地理解幸福的内涵,这也是对课程改革中幸福精神境界追求问题进行探讨的逻辑前提。

(一)幸福的词源考察

汉字"福"在甲骨文中就出现了,其最初的含义是"两手奉尊于示前",原是祭祀之意,表达人们的愿望与祈求。在古代汉语中,人们使用"幸福"这一概念的时候,往往与保佑、气、灵或生、命、运等词语相连,表明个人幸福、命运、社区的亲属连续性和超自然力量的一种调和。在中国传统文化中,幸福既是一种心灵体验,同时也是一种对生命的理解和领悟,并且与道德之间存在着复杂关系。在现代汉语中,"幸"的含义是:幸福、幸运,希望,因为幸福而高兴,侥幸等;"福"的含义是:幸福,福气,跟"祸"相对。《现代汉语词典》中对"幸福"的解释是:① 使人心情舒畅的境遇和生活。②(生活、境遇)称心如意。②《辞海》中对"幸福"的解释是:人们在为理想奋斗过程中以及实现了预定目标和理想时感到满足的状况和体验。对幸福含义的理解因理想、追求的内容不同而有不同。③《哲学大词典》中对"幸福"的解释是:人们在社会的一定物质生活与精神生活中由于感受或意识到自己预定目标和理想的实现或接近而引起的内心满足。幸福这个概念的典型价值意义,不是指个人意图,而是指实行这些意图;不是单纯说明一个人的主客观态度,还表现为对人的生活、人的享受和人生使命的把握。④ 与汉语"幸福"相对应的英语单词是"happiness"和"well-being"。⑤ "happiness"源自形容词"happy",而 happy 的中文意思是:① 幸福的,幸运的;② 愉快的,快乐的;③(感到)愉快的,乐意的;④ 恰当的,巧妙的等。⑥ 英语中还有一个与"happiness"相近的单词"joy",其英文解释是:feeling of great happiness; person or thing that makes one feel very happy,中文的意思是:快乐、愉快、喜悦或令人快乐的人或事。弗罗姆认为,"愉快和幸福在性质上没有什么区

---

① 周辅成.西方伦理学名著选辑:下[M].北京:商务印书馆,1987:366.
② 现代汉语词典:修订本[M].北京:商务印书馆,1996:1411,389.
③ 辞海[M].上海:上海辞书出版社,2002:1998.
④ 哲学大词典:修订本[M].上海:上海辞书出版社,2001:1712.
⑤ 现代汉英词典[M].北京:外语教学与研究出版社,1988:994.
⑥ 新英汉词典[M].上海:上海译文出版社,1985:570.

别,它们之间的唯一区别在于:愉快只涉及单一的行动,而幸福可以说是某种持续和一体化的快感。我们可以说'joy'(愉快),也可以说'joys',但对幸福只能说'happiness'(单数)"①。合成词"well-being"是科学、规范化的术语,直译过来是"良好存在",指健康、快乐的状态。《新英汉词典》中对"well-being"的释义是"健康、幸福、福利"。事实上,well-being 的含义与 happy 不同,well-being 指的是一种生存状态,而 happy 是指一种心理状态。在心理学研究中,学者们经常使用的是 subjective well-being(简称 SWB)和 psychological well-being(简称 PWB),前者被译为"主观幸福感",后者往往被译为"心理幸福感"。

(二)哲学视野中的幸福

在哲学领域,曾对幸福问题进行探讨的学者很多,对幸福内涵进行阐释的也不乏其人,他们对"幸福"概念的理解与表述大致可归结为以下三类。

第一,亚里士多德认为,幸福就是合乎德性的灵魂的现实活动,其他一切或者是它的必然附属品,或者是为它本性所有的手段和运用。他说:"幸福是通过德性,通过学习和培养得到的,那么,它也是最神圣的东西之一。因为德性的嘉奖和至善的目的,人所共知,乃是神圣的东西,是至福。"②他反复强调,一个高尚人的活动,其本身就是优越的,从而是幸福的。在罗素看来,幸福这东西不像成熟的果子那样,仅仅依靠幸运环境的作用便会掉进你的嘴里,幸福必须是一种努力。一个幸福的人,以客观的态度安身立命,具有坦荡宽容的情爱和丰富广泛的兴趣,凭借这些情爱与兴趣,使他成为许多别人的情爱与兴趣的对象,他便获得了幸福。他说:"仅仅接受爱是不够的,还应该把接受的爱释放出去,给予别人以爱。爱是沟通人与人心灵的桥梁,你真诚地爱别人,别人也会同样对你,这样的生活将更加和谐,人与人之间将更加融洽。彼此真正关怀的爱是幸福之源。"③也就是说,彼此真正关爱不仅是彼此幸福的手段,也是共同幸福的切合点。由此看来,无论是亚里士多德还是罗素都趋向将幸福等同于德性,并认为幸福的获得离不开劳动。学者赵汀阳也持有类似的观点,他认为幸福是体现着目的论原则的生活,它

---

① 转引自王世朝. 幸福论[M]. 合肥:安徽人民出版社,1985:8.
② 亚里士多德. 尼各马科伦理学[M]. 苗力田,译. 北京:中国人民大学出版社,2003:16.
③ 刘烨. 罗素的智慧[M]. 北京:中国电影出版社,2005:157.

有着超越了主观性的原则。在他看来,幸福不是某种主观意向被满足的结果,幸福问题必定要卷入他人问题,必定不是自己决定的事情,因此分析幸福的思想结构不能只是从"我"的主观角度出发。①

第二,杨国荣教授认为,在主体存在的精神维度上,幸福往往与体验或感受相联系。当某人说他感到很幸福时,这种幸福总是渗入了言说者对生活的感受或对存在的体验。② 这一意义上的幸福,相应地首先表现为一种幸福感。作为主体的具体感受,幸福以自我对生活的满意为内容。他接受康德对幸福的理解,认为幸福意味着对整个生活状况的满意。作为幸福感的表现形式,满意不仅蕴含着对生活状况的认知,而且在更深层的意义上涉及对相关生活状况的评价。唯有当主体对所处生活状况作出了肯定的判断,幸福感的形成才成为可能。也有的学者认为,幸福是人们在社会生活实践过程中,由于感受到人生价值的实现而形成的一种精神上的满足。③ 然而,幸福不仅仅是一种主观体验,幸福首先应当是一种存在或客观状态。幸福的感受是对幸福的存在的感受。陈根法、吴仁杰认为,幸福在本质上是一种创造中的享受,是人们投身在事业中的耕耘与收获。在创造性活动的进程中,一个人的生命能得到真正的扩展,他所体验到的是一种幸福的延伸感。人的幸福是动态的,在需要中显示,在认知中观照,在审美中沉醉,在德性中评判,在希望中孕育,在回忆中再现,在个体中调协,在整体中繁衍。④上述几种观点的共性之处在于都强调幸福的主体感受,但这种感受不是零散的、即时的,而是对生活的整体满意。同时,他们都认为幸福是客观存在的。

第三,江畅教授认为,关于幸福有两种见解十分流行:一是把幸福理解为快乐,二是把幸福理解为德性。这两种流行看法的主要缺陷在于没有从人生存和发展的角度理解幸福。如果我们不是单纯从个人的感官欲望出发,也不是单纯从社会的稳定需要出发,而是从人的生存和发展需要出发,我们就可以对幸福作出如下规定:幸福就是人由生存需要得到适度的满足、发展需要得到一定程度的满足并不断追求进一步满足所产生的对人生总体

---

① 赵汀阳.论可能生活:道德哲学研究[M].北京:中国人民大学出版社,2004:147.
② 杨国荣.伦理与存在:道德哲学研究[M].上海:上海人民出版社,2002:256.
③ 高兆明.存在与自由:伦理学引论[M].南京:南京师范大学出版社,2004:255.
④ 陈根法,吴仁杰.幸福论[M].上海:上海人民出版社,1988:206.

上感到满意的愉快状态。他认为,对幸福的规定有三个要件:其一,生存需要必须得到满足,否则就不会有幸福,相反会不幸,甚至痛苦,但是对生存需要的追求又必须适度,否则就会由此导致贪欲。其二,只有生存需要得到满足是不够的,发展需要还必须得到一定程度的满足,而且不断追求进一步的满足。不追求发展需要的满足,或获得一些满足就无所用心,也不会有幸福,或由幸福变得不再幸福。其三,作为幸福的那种满意状态,只能是就生活总体而言的,而不是就某一件事或某一方面而言,否则就不会有人能获得幸福。① 我们认为,这种对幸福内涵的理解是比较全面和深刻的。

通过对上述几种观点的陈列,我们可以看出:在哲学领域,尽管学者们对幸福内涵的表述与论证的视角不同,但一般都认为幸福不仅是一种主观感受,也是一种客观存在,与人的理想、德性与实践活动密切相连。

(三)心理学视野中的幸福

心理学界对幸福内涵的理解与哲学界有明显的不同,具有代表性的主要观点有以下几种。

第一,郑雪教授认为,人们对幸福的理解可以分为以下三种:① 以外界标准界定的幸福,即幸福是建立在观察者的价值体系和标准之上,而不是被观察者的自我判断。② 以内在情绪体验为标准界定的幸福,即幸福就是体验到较多的积极情感和较少的消极情感。③ 以个体的主观判断为标准界定的幸福,即幸福是评价者根据自己的标准对其生活质量进行的综合评价。② 第三种观点已经被心理学研究者普遍认同,并将以个体的主观判断为标准界定的幸福定义为主观幸福感。

第二,苗元江博士将幸福感定义为:人们以社会经济、文化背景和价值取向为基础,对自我存在状态(自我身体状况、心理功能、社会能力以及个人综合状态)的主观心理体验,是由动机、目标、认知、情感、人格等心理因素与外部因素交互作用而形成的一种心理功能状态。幸福感既是生命的一种存在方式,也是对自身存在状态的主观感受、评价和体验,是主观心理体验与客观的心理功能状态的统一。换言之,幸福感是关于人的存在及其意义的总体范畴,它既是存在的,又是意义的;既关涉事实,又关涉价值;它既以强烈的主观体验形式表达自身,又以实现与历史内容规定自身,在它鲜明的个

---

① 江畅.幸福与和谐[M].北京:人民出版社,2005:1.
② 郑雪,等.幸福心理学[M].广州:暨南大学出版社,2004:51.

体话语之中,隐含着深刻的社会关系。①

第三,国外有些心理学家认为,幸福感是一种模糊的表达,难以给出准确的定义,但它却在我们的心灵深处占据着重要的位置。幸福感要求的是身心之间的和谐,它意味着在生活中各个维度所具有的平衡感和舒适感。当没有不良刺激烦扰,也没有重压侵袭的时候,我们就会拥有幸福感,会对工作甚至命运有一种掌控的感觉。可以将幸福感划分为:生理幸福感、情绪幸福感、心理和智力幸福感、精神幸福感等几类。②

由此可见,大多数心理学家都是从人的主观感受出发来理解和研究幸福的,关注的是幸福的主观层面,认为幸福就是每一个人根据自己的标准对其生活质量进行综合评价后的一种积极体验,是相对的、主观的;没有绝对幸福或不幸福的人,一个人幸福与否只有他自己最清楚、最有资格来判断。这样看来,在心理学领域,人们往往把幸福等同于幸福感,关注的是人的主观感受。

(四) 幸福内涵澄清

在对幸福的词源考察,对哲学、心理学中的幸福内涵进行梳理的基础上,我们把幸福理解为"人们在社会生活实践过程中,由于生存需要得到适度的满足并感受到自己人生价值的实现或正在实现而形成的一种精神上的总体愉悦状态"。这样一种界定表明,幸福是一种过程和总体状态,它来源于人的劳动,生存需要的适度满足是幸福的基础,人生价值的实现是个体幸福的最高境界。为了更好地理解幸福的这种内涵,澄清一些人对幸福的误解,我们还需要对幸福与快乐、幸福与痛苦之间的关系进行辨析。

第一,我们一般把人的需要获得满足之后而产生的心理体验称为快乐,那么在幸福和快乐之间是否可以画等号呢? 在思想史上,许多人对上述问题作出的是肯定回答,强调幸福与快乐的联结,如极端感性主义快乐论者亚里斯提卜曾提出了幸福就是追求感官的快乐的观点,而理性主义快乐论的代表德谟克利特则论证了支配幸福的快乐原则。伊壁鸠鲁发挥了德谟克利特的见解,认为快乐是幸福生活的开始和目的。资产阶级革命初期的思想

---

① 苗元江.心理学视野中的幸福:幸福感理论与测评研究[D].南京:南京师范大学,2003.

② [英]Elizabeth Holmes.教师的幸福感[M].闫慧敏,译.北京:中国轻工业出版社,2006:2-3.

家大多是从人的自然本性出发论证快乐的感觉论者,甚至把幸福直接定义为快乐。到了现代,持有快乐原则的后继者仍不乏其人,如弗洛伊德就认为幸福就是没有痛苦的强烈的快乐。柏拉图对快乐就是幸福这一问题作出的是否定回答,他认为快乐是多种多样的,无节制的人有其快乐,而节制之人则以节制为快乐,节制是对快乐的控制,要克服快乐的诱惑。由此可以看出,柏拉图肯定的不是快乐而是节制,他从根本上认为快乐不是善,因而也不是幸福,快乐与幸福无关。亚里士多德则认为幸福不能归结为快乐,感官的快乐必须在理性的控制之下置于适中的范围之内。其实,幸福与快乐不同,真正的幸福总是给人以快乐,但并非所有的快乐都能使人幸福。快乐更多的是指生理需要的实时满足,是欲望得到满足之后的自然性、实时性的快感,它不是生活的全部意义,也不是对人生的一种整体性评价,而幸福不是一个纯粹的心理学问题,人的幸福不只是某种愉快的生活感受。作为生活的最高满足,幸福与人的本质力量的实现有关,与人生的使命直接相关,涉及人生的目的和理想以及价值观念和道德行为等问题,是对生活意义的认识和评价,是人的本质力量的自由实现所带来的精神上的愉悦,内含着人的全面的自我意识和人对自己整个生命活动的高度肯定性评价,具有目的性、价值性、无限性、超越性和持久性。幸福不等于快乐,但并不是说幸福与快乐没有关联,二者之间既相区别又相联系,如同现象与本质的关系一样,本质通过现象来表现,但现象不等同于本质。也就是说,快乐与幸福可以有联系,但幸福并不能简单地归结为快乐。同时,我们探讨快乐与幸福的相关性,不能忽视对快乐的甄别,这是因为人们体验到的快乐,既有浅薄而短暂的,也有深刻而久远的;既有感官上的快乐,也有精神上的快乐。作为幸福的一种必要的情感因素,只有深入人们内心的、构成生命活力的、展现创造事业的那种快乐,才是深刻而久远的快乐,因而才是幸福的。

第二,从逻辑上讲,作为理性思维的完美需要,幸福范畴应当有其自身赖以确立的对应范畴,幸福与痛苦是不兼容的,但到了认识论那里,情况却发生了变化。伊壁鸠鲁说过,只有当我们痛苦而无快乐时,我们才需要快乐;当我们不痛苦时,我们就不需要快乐了。卢梭也认为:"如果使我们感到快乐的环境无止境地存在下去的话,则我们将因对它享受惯了,而领略不到它的趣味了。如果外界的事物一点都不改变,我们的心就会变,不是幸福离开我们,就是我们离开幸福。"① 也就是说,幸福内在蕴含着痛苦,要得到真

---

① [法]卢梭.爱弥尔:下卷[M].李平沤,译.北京:商务印书馆,1978:684.

实的幸福就必须战胜苦痛,就必须改变自己存在于其中的不完美的世界。无痛苦的幸福或存在于彼岸世界,或存在于无意义的幻想之中。如果说人生是幸福的,那么就可以同时说,人生亦是痛苦的。痛苦是幸福的土壤,幸福在痛苦中孕育诞生,是在苦涩中结出的甘美果实。幸福和痛苦是两个不能单独成立的东西,二者既相互对立、排斥而又相互联系和转化。幸福的人并非没有任何痛苦,而痛苦的人也并非都没有幸福的可能。在一定的条件下,痛苦可以转化为幸福,反之幸福也可能转化成痛苦。没有任何东西是一成不变的,而是一切都在运动和变化之中。人生就是幸福与痛苦的对立统一,二者构成节奏、互相补充、达成和谐。这样看来,幸福不等于没有不幸,不再只是我们以往理解的愉快、高兴,它既可以表现为高兴、快乐、愉快,也可以表现为不安、悲恸、气愤、痛苦,还可表现为悲喜交集、苦乐兼具。全部的生命价值并不取决于幸福时刻的总和,而是指欢乐与悲痛之间恰到好处的平衡。就"高质量"的生活而言,快乐与痛苦都是必不可少的。总之,幸福的内涵是丰富的,其中既有快乐,也有痛苦。如果只把单纯的愉快体验当作幸福的唯一内容,幸福就没有分化,也就没有发展。

二、课程改革的幸福旨归

任何改革都是一个复杂艰难的过程,都需要我们付出艰苦的努力,问题、阻力、争议、困惑、痛苦等会一直伴随着改革的始终,但我们不能因此而在改革中放弃幸福,相反使师生享有改革的过程与结果幸福理应是课程改革的旨归。

(一)幸福是人的存在目的,是人的目的性追求

作为人存在的圆满与至善状态,幸福本身是一种可能存在,但若它仅仅作为一种可能存在,并不能同时作为某种现实的存在,那么它对于一个人来说,则是不可能的。

第一,在弗洛姆看来,幸福与不幸福应当有其客观内容,这就是"整个生物体的状况""整个人格的状况",那种只存在于人的头脑中的幸福只是"虚假的幸福"。幸福的现实内容是人对自我的不断超越,是人在这不断自我超越中的自我实现,所以尽管至善圆满对于人而言是永待完成的可能,但它却是一种现实的可能。如果说幸福是不存在的,那么它就会在主观体验之下流为纯粹的主观性与绝对的不确定性,人的存在及其完满就失去了普适性与客观性,人的存在本身就成为纯粹的虚无。肯定幸福的存在,这既是理性

反思幸福范畴的结果,更是理性反思生活实践的必然结果。正是由于幸福是现实的可能,所以人才去追求幸福。从这个角度来说,人类的发展史就是一部对幸福的追求史,就是一部通过追求幸福而不断探究人的存在意义、存在方式、存在内容的反思史。这种现实的、活生生的探究史表现在理论形态上就是幸福思想的发展史,它从一个特定侧面反映了人类自身的文明进化历程,揭示了人类自我批判、自我提升、趋向圆满的求索历程。①

第二,人生是活动的过程,而活动都是有目的的。人的一切行为的目的,都是追求快乐或能够带来快乐的东西。一方面,当各种快乐发生冲突时,我们应该追求目的善的快乐,最终则应该追求至善的快乐,也就是应该追求幸福,而牺牲违背幸福的快乐。如果不是这样的话,我们将不会做我们正在做的事情,也不会积极主动地去行动。我们为什么热爱生活而终日忙忙碌碌?为什么不自杀?这是精神医学大师弗兰克在他所创造的"意义治疗法"中向人们提出的最基本的问题。我们可能回答自己还有未完成的事业,还有父母要赡养,还有儿女要养育抑或不想舍弃财产,不愿抛下亲人,不忍带走美好回忆,等等。从根本上说,所有这些回答都是因为我们还觉得生活有意义、值得过,归根结底是因为我们所享有的快乐和幸福多于所遭受的痛苦和不幸。相反,如果我们的痛苦和不幸多于快乐和幸福,我们就不会觉得生活有意义并且值得过了。如果一个人每日备受精神和肉体的折磨,并且觉得永无出头之日,那么他还会觉得生活有意义,还会愿意再生活下去吗?所以,一个人的人生苦乐之差额是否为快乐和幸福,是他觉得他的人生是否有意义从而是否愿意活下去的最终原因。从道德的角度来说,我们非但不能否定、相反只能肯定个体对幸福的目的性追求。人为什么要过道德生活?为什么要行善?人不是为道德而道德,为德性而德性,而是为了获得幸福、实现人生的价值,正如黑格尔所说:"道德意识决不能放弃幸福,决不能把幸福这个环节从它的绝对目的中排除掉。"②也就是说,幸福是人生的终极价值、终极意义,而这个人生价值和意义的有无是每个人是否愿意生活下去的终极原因。③ 既然幸福是人生的目的,是人生的终极价值,那么课程改革的过程理应是一个幸福的过程。

---

① 高兆明.幸福论[M].北京:中国青年出版社,2001:33.
② [德]黑格尔.精神现象学:下卷[M].贺麟,王玖兴,译.北京:商务印书馆,2009:127.
③ 孙英.幸福论[M].北京:人民出版社,2004:190.

(二)课程改革中的幸福是一种精神幸福

虽然课程改革中的幸福要以一定的物质基础为条件,但它排除了物质幸福的成分,是一种精神幸福,这种精神幸福是心理体验与社会伦理的统一,是主观努力与客观条件的统一,是享受与发展的统一,是开放的动态系统。

第一,有人认为,人的本性在于他的生理特征,幸福源于生理欲望的满足,这叫作生理幸福观;有人认为,人的本性在于他的心理属性,幸福源于人的理智、情意的活动,这叫作心理幸福观;还有的人从人与动物的根本区别上指出,人的幸福只能来自他的社会性道德行为,这叫作伦理幸福观。其实,人性既不是人的某一方面的属性,也不是各种属性的机械相加,而是各要素的辨证整合,是生理属性、心理属性和伦理属性的统一体。在现实的人性中,没有纯粹的自然属性,也没有纯粹的心理属性或社会属性。生理、心理、伦理幸福各有其特点,在完整的幸福中发挥着无以替代的作用,所以在质上它们是同等重要的。从这个角度来说,人的幸福可以分为生理幸福、心理幸福和伦理幸福。三者之间是一种既相互区别,又相互联系,还相互转化的辩证关系。[①] 幸福首先是一种主观的心理体验,但单纯的主观心理体验是靠不住的,心理学体验加上伦理学的价值限定,才是真正的幸福。同时,也只有产生了主观体验的伦理价值才能是幸福的,那些因无意识使行为符合伦理价值却无内心体验的,或被迫作出合伦理的行为因而没有产生主观体验的,都不是真正的幸福。幸福的心理体验要有伦理标准去修饰,伦理标准要有心理体验去证实。

第二,幸福只能在活动中才能实现,是主观努力与客观条件相契合的结果。举例来讲,教学活动是教师指导学生学习的一种创造性教育活动,它是由教师的"教"和学生的"学"构成的特定的双边活动过程,两者都以对方存在为客观前提,缺少或忽视任何一方,都不能构成教学。但教学活动只是为教师的知识力量释放、人格魅力展示和职业幸福的获得提供了一个源泉和客观基础。如果一个教师在客观条件都具备的同时,没有把自己的职业理想付诸实践,这就注定他无法体味教育劳动的乐趣,当然不会获得职业幸福。只有经过教学,进行"传道、授业、解惑",促进学生整体素质的提高,为学生的终身发展奠定基础,使之成为对国家对社会有用的人才,教师才可能

---

① 刘次林.幸福教育论[M].北京:人民教育出版社,2003:11-37.

获得真正的职业幸福。也就是说,在客观条件具备的情况下,生活也并不必然是幸福的,幸福来源于辛勤劳动和积极创造。在某种意义上讲,幸福是一种潜在的能力,它的彰显要靠人的努力,正如有的学者所说:"由于幸福本身的精神性和社会性,没有健康的价值需求与追求的人必定是远离幸福的人,提升人的人生追求本身就是提升人的幸福水平的前提,幸福存在于人生的实现过程,一个人的生命力在何种程度上得到健康张扬,其创造力在何种程度上得到发挥,其潜能在何种程度上得到实现,其幸福也就在何种程度上得到实现。"[①]

第三,幸福不能远离人的生活,这是因为享受是人存在和发展的前提与动力,过度限制享受和欲望就是限制人的存在和发展。如果为了得到所谓的幸福而远离人的生活,那么这种幸福就不是人的幸福。当然,幸福不是物质欲望得到满足的自然性、实时性的快感,而是实现理想的精神性愉悦,存在于永无止境的创造性活动之中,存在于永恒的发展之中。享受与发展是幸福中不可或缺的两个方面,离开享受,发展就毫无意义;离开发展,人就只能处于原始状态,无法超越动物的存在。

第四,幸福是由几个相关的维度构成的复合系统,包含多个子系统。系统内部各子系统、次子系统与各要素之间纵横交错,共同构成幸福的整体架构,反映幸福的整体风貌。同时,幸福是在教育实践中,在长期生活的意义体验与整合的基础上逐渐形成的,它不是静态的、封闭的系统,而是一个不断和外界交换信息和能量的开放系统,既受理想、观念、能力、道德、人格特质的深刻影响,同时又受所处文化、经济、政治等各种外界环境的影响,是一个动态的、不断发展变化的开放系统。

(三)让师生享有幸福是课程改革的应有之义

我们在课程标准和教材中,规定了给予学生各种各样的知识,但却没有规定给予学生最重要的东西——幸福。理想的教育应该是培养出来的人都能幸福地度过一生,这应该是教育追求的恒久性和终极性的价值。如果说教育是为了人的幸福,那么,"教育的幸福应该既包括学生的幸福,也包括教师的幸福,这两者是相互联系的。其中教师又要起主导作用,他要对教育的

[①] 赵汀阳.论可能生活:一种关于幸福和公正的理论[M].北京:中国人民大学出版社,2004:152.

幸福负主要的责任"①。

第一,教师幸福地教是学生幸福地学的前提条件之一,这是因为不管教师意识到与否,他们都有成为学生模仿对象的最大可能性。教师在职业生活中所表现出的幸福,对生活的乐观态度,对学生的无私关爱,对学生具有的教育作用,在学生幸福成长中都有举足轻重的作用。但在教育的现实世界中,忽视教师的精神需要和职业幸福的现象比比皆是,比如我们往往更多地关注教师教书育人的能力,关注教师的职业道德、知识、技能、素质等,习惯于对教师提出这样或那样的要求,使教师职业变成了规约性最突出的职业,致使有的一线教师很无奈地说:教育研究的成果越多,我们的紧箍咒语越多!当然,这些研究是必要的,也是永无止境的,但是我们不能忽视理论向实践转化的"中介环节",更不能忽视教师的现实处境与精神需要。如果关于教师的研究成果找不到合适的着陆点,不能与教师的知识结构与精神需求相契合,那么这样的成果命运很可能就是昙花一现或成为空中浮云,而不能内化到教师的内心,更无法变成教师的行动。从这个意义上讲,关注教师的现实处境与精神需要是研究教师的出发点和基本前提。换言之,我们研究教师,不能仅仅从社会规约出发,还应该从教师自身的需要出发,这是一个问题的两个方面,理应相辅相成,而不能偏执一方,但遗憾的是,我们关注前者较多,而对后者重视不够。

第二,2005年,中国人民大学公共管理学院组织与人力资源研究所采用专业的调查工具,对我国教师的工作压力、工作倦怠与心理健康状况进行了调查,共有8 699名教师填写了调查问卷。本次调查结果显示:在被调查的教师中,有34.6%的人反映工作压力非常大,有47.6%的人反映工作压力比较大,两者加起来占到了被调查教师总数的82.2%;有49.7%的人有较明显的情绪衰竭,只有24.4%的人情绪衰竭程度较低或者没有出现情绪衰竭的情况;有68.2%的教师成就感低落,在工作中没有体验到成就感;只有8.2%的教师对自身的评价较高,具有较高的成就感,认为自己能胜任工作。为了对所有被调查教师的工作倦怠情况有一个整体的认识,他们还分别以"一项指标出现工作倦怠""二项指标均出现工作倦怠""三项指标均出现工作倦怠"为标准,对被调查教师进行了分析,结果是:如果把"一项指标出现工作倦怠"作为轻微工作倦怠的标准,则有86%的被调查教师出现轻微的工作倦怠;如果以"二项指标均出现工作倦怠"作为中度工作倦怠的标

---

① 刘次林.幸福教育论[M].北京:人民教育出版社,2003:200.

准,则有58.5%的被调查教师出现工作倦怠;如果以"三项指标均出现工作倦怠"作为高度工作倦怠的标准,则还有29%的被调查教师符合这一标准。① 国内的其他研究机构和研究人员曾对不同地区、不同层次教师的职业压力和职业倦怠状况进行了调查研究,如浙江省浦江县教师进修学校课题组的一次调查显示:在抽样调查的260多名小学教师中,目前工作心情"愉快"和"较愉快"的只占44.8%,而"不太愉快""不愉快"和"很不愉快"的竟占了55.2%。② 作为服务性、助人性的行业,教师是经受压力最大的职业之一,逐渐成为当前职业倦怠的高发人群。新课程改革的推进,聘任制的逐渐实施,职称评审中对科研成果的过高要求,各种各样的检查,工作内容的机械烦琐,学生成绩排名和升学率的压力,学生家长的不理解、不支持等,使很多教师每天都要工作10个小时以上,有的教师甚至连续几周不能好好休息,在身心健康方面常常预支、透支。职业枯竭的感受正打击着无数具有爱心、理想、乐于奉献的教师。教师只有摆脱了职业感的束缚,不把教育当成谋生的手段,而是出乎自己的需要,像孟子那样以得天下英才而教育之为乐,那么他才能在课程改革中自由地、有创造性地发挥自己的全部才能和力量。只有教学双方在课程改革之中抛弃一切世俗的、外在的顾忌,沉浸在智慧的创造过程之中,真正意义上的课程改革才能实现。

三、课程改革的幸福实现

一个人无论要获得什么幸福,都不会一蹴而就,都要经过一段或长或短时间的奋斗才能达到幸福的彼岸。幸福是人们通过创造性劳动,感受到实现了自己的理想和目标而引起的精神的满足,其基本条件是人的体力和智力的发展,表现为人能够完全自由地发展和发挥其全部才能和力量。

(一)创造性劳动是课程改革幸福的源泉

在马克思看来,幸福是可能实现的,它存在于对崇高事业的追求之中,存在于对人生完美的追求之中。他在青年时代曾写过这么一段文字:"在选择职业时,我们应该遵循的主要指针是人类的幸福和我们自身的完美。不应认为,这两种利益是敌对的,互相冲突的,一种利益必须消灭另一种的。

---

① 金忠明,林炊利.走出教师职业倦怠的误区[M].上海:华东师范大学出版社,2006:5.

② 方方.教师心理健康研究[M].北京:人民教育出版社,2003:8.

人们只有为同时代的人的完美，为他们的幸福而工作，才能使自己也达到完美。如果我们选择了最能为人类服务的职业，我们就不会为任何沉重负担所压倒，因为这是为全人类做出牺牲；那时我们得到的将不是可怜的、有限的和自私的快乐，我们的幸福将属于亿万人，我们的事业虽然并不显赫一时，但将永远发挥作用。当我们离开人世之后，高尚的人们将在我们的骨灰上洒下热泪。"①

第一，马克思认为，需求是幸福的动力，人类以自己的方式为生存和幸福而奋斗着。满足需求、保存生命是人的活动的内在动机，而舍弃需求、放弃生命就无所谓人的幸福。马克思强调幸福范畴是整个人类历史发展的结果，是社会生活条件在人们的思想和情感中的反映，人对其生存享受和发展的客观条件的依赖和需求完全是正当的。满足正当需求、保存生命是人不可剥夺的权利，一切压抑人的正当需求的行为都是违背人性的。对于物质生活和精神生活的关系，马克思主义认为物质生活和精神生活是人类两大存在形式，离开任何一方，人生都无法得到真正的幸福。恩格斯曾说过，"人需要和外部世界来往，需要满足这种欲望的手段：食物、异性、书籍、谈话、辩论、活动、消费和加工对象"②。然而，马克思主义在肯定物质生活的同时，并没有忽视精神生活在幸福中的地位。马克思认为，人不仅是自然存在物，更是社会存在物和精神存在物。所谓符合人性的人的需要不仅包括自然需要，而且还包括社会需要和精神需要。

第二，马克思认为，劳动实践是幸福的源泉，他主张幸福不仅仅是对丰富的物质生活和精神生活的享受，更重要的是通过劳动实践来实现幸福生活的创造，幸福存在于人类的创造活动中。人在劳动创造中充分发展身心、挖掘内在的潜能、实现自己的力量、体验自己的存在，这样劳动就不再是奴役人的手段，而成了解放人的手段，成为自由的生命表现，因此劳动"就从一种负担变成了一种快乐"③。在这里，马克思主义为幸福找到了源泉和途径。劳动是成功和幸福之本，是人之为人的一种本质属性，或者说是人类特有的一种本能。正是这种充满生机和活力的本能推动人们不断地创造，从而推动各个民族和人类不断向前发展。真正的幸福只在辛勤的劳动和晶莹的汗水中获得。一个不愿意劳动和付出的人，不管他多么和蔼可亲，不管他

---

① 马克思恩格斯全集：第40卷[M].北京：人民出版社，1964：40：7.
② 马克思恩格斯全集：第42卷[M].北京：人民出版社，1960：126.
③ 马克思恩格斯选集：第1卷[M].北京：人民出版社，1979：1.

是一个多么好的人,不管他的名声多么响亮,他是不可能得到真正的幸福的。生活就是劳动,劳动就是生活,一旦脱离了劳动,也就远离了幸福。

(二)教师素质是影响课程改革幸福的重要因素

"素质作为人生的现实规定性,作为活动和作为的基础和空间,从根本上规定着人生的幸福。"[①]因此,我们认为教师素质是影响课程改革幸福的重要因素。

第一,对教师来说,不断提升自身素质是走向教学幸福的必由之路,正如一位教师在笔者对其进行访谈时所说的那样:"我认为,教师幸福的首要条件是提高老师自身的素质,包括文化素质、教学能力、个人修养等方面。老师的各个方面的素质提高以后,学生就会尊敬你,家长也会敬重你,也就可以获得家长和学生对你的认可,幸福就来了。"[②]每位教师都可以改善和提高自身的素质。首先,教师要有不断提升自身素质的意识。也就是说,教师既要知道自己的素质是可以改善和提高的,又愿意去改善和提高。其次,教师要有不断提升自身素质的意志。人最难战胜的是自己,自觉地改善和提高自己的素质,就是超越自己、战胜自己。没有强烈的自我意识,没有自我反省、自我批判和自我超越的精神,没有坚忍不拔的意志是很难改变和提高自身素质的。再次,教师要不断地学习和掌握新知识,并勇于实践。学习和实践不仅可以直接提升教师自身的素质,而且还可以提高教师提升自身素质的自觉性。学习和实践可以自己进行,但在当今这样的知识爆炸时代,仅靠自学是不够的,教师还应该主动地接受社会所提供的继续教育与终身教育。尽管提升自身的素质没有止境,但这种提升是完善自我、实现自我的重要内容,更有助于拓宽幸福的空间和深度。当然,教师自身素质的提升特别需要教师具有学习能力、批判能力和创新能力。如果在这些方面具有较强的能力,教师就更容易且也更愿意改善和提高自己的素质。

第二,近年来,我们对于教育中的人尤其是学生的生存状态给予了较多的关注,人的非理性层面引起了研究者的兴趣,"生命""情感""关怀""人性""生活"等词汇出现的频率较高,教育研究者提出了许多富有人性的教育思想,如"愉快教育""希望教育""合作学习""理解性教学""生命教育"等等。

---

① 江畅.幸福与和谐[M].北京:人民出版社,2005:106.
② 王传金.教师职业幸福研究:以C市的小学教师为例[D].上海:上海师范大学,2008.

有研究者提出,充分关注人,关注人的生存状况和生存意义,关注人的生存与完善,以及与此密切相连的对人的热爱是教育研究的生命,这很能体现近年来教育研究的价值取向。① 这种研究的学术趣味倾向形成了一种研究现象,有人称为教育研究的"人文观照"现象。就理论而言,"人文观照"现象的产生与当代文化哲学对人本身的关注有密切的关系,正如叶澜先生所言:"教育研究的对象决定了它不能无视当代哲学关于人与他的世界关系的研究之进展。在一定意义上,哲学对人生的研究与教育研究的关系更为直接。"② 就实践而言,"拨乱反正"后恢复的高考制度形成的考试理性,引发了比较严重的中小学教育生态失衡问题,师生的生存环境问题成为教育研究者关注的焦点之一。在教育研究中,我们既要关注学生,也要关注教师,毕竟只有当教师能够以饱满的精神、专业的态度来对待工作时,他们才能真正为社会培育出所需要的人才。但遗憾的是,当前教育研究中的人文观照多限于"观照"学生,而对教师的生存状态和生存意义"观照"不够。20世纪90年代以来,特别是进入21世纪,我国的教师研究开始进入繁荣时期,研究者从若干维度研究了此领域不同层面的问题。在对教师的研究中,不管是教师零参与研究,还是教师配合研究,我们研究的主题主要集中在对教师的行为、人格、角色、素质等方面。换言之,我们研究教师的行为、人格、角色、素质,研究教师所使用的教材,研究教师的工作环境,但忽略了研究教师的精神世界。这其中的部分原因是我们对于科学性的迷恋,像人的内心世界这样无法量化、无法确切观察的东西就不会引起人们太多的研究兴致。这种科学性的追求还表现在对教师的研究大多试图具有普遍意义,至少对某个群体而言具有普遍意义。这种研究倾向产生出来的是一些与被研究者的生活情境不甚相关的知识,这些知识可以很热闹地参与到知识的制造和生产中去,它们是重要的,但是仅仅强调它们显然是不够的,我们还需要那些对于理解教师的内心世界有帮助的知识。

(三)课程改革中幸福的统筹协调

在各种幸福可以两全、不发生冲突的情况下,我们既应该享有物质幸福、人际幸福,又应该追求精神幸福;既应该享有利己幸福,又应该追求利他幸福;既应该重视结果幸福,又应该珍惜过程幸福;既应该获得真实幸福,又

---

① 刘铁芳.试论教育研究的人文关怀[J].教师教育研究,1997(4).
② 叶澜.教育研究方法论初探[M].上海:上海教育出版社,2001:325.

不应该忽视虚幻幸福。可是,当这些幸福发生冲突而不能两全时,我们应该选取哪种幸福、放弃哪种幸福呢?"这就需要我们学会计算各种幸福的价值大小和等级的高低,然后才能根据计算结果科学地权衡取舍。当各种幸福发生冲突而不能两全时,我们应该选取比较强烈、比较持久、比较迫近、比较确定、比较纯粹、增值性较大、增进社会和每个人利益较多的幸福。"[①]

1. 人际幸福与精神幸福

在社会生活中,人的需要从根本上可以分为两类:人际性需要和个人性需要。所谓人际性需要,是一个人因为与人交往才有的需要;所谓个人性需要,是人在独立生活的情况下具有的需要。个人性需要又可以进一步分为物质性需要和精神性需要。在日常生活中,人们往往把非物质性需要都当作精神性需要,如把名誉感、做一个好人的道德需要等人际性需要当作精神性需要。这样,人类的需要就是我们通常所说的两类:物质性需要和精神性需要,这种两分法有不明确之处,因为有一些需要既不是物质性需要也不是精神性需要,而仅仅是一种人际性需要。人际性需要与精神性需要的确有相同之处,至少它们都不是物质性需要,但是它们又有区别:精神性需要是人的个人精神生活之需要,离开他人这种需要依然存在,而人际性需要则是人的社会交往的需要,离开他人这种需要就不存在了。因此,我们既不能把人际性需要归入物质性需要,也不能把它归入精神性需要,我们只能把它分离出来,进而把人的需要分为物质性需要、精神性需要和人际性需要三类。需要的满足则会引起幸福的产生,据此我们可以将幸福相应地分为物质幸福、人际幸福和精神幸福三类。[②] 在教育过程中,师生在幸福上是相互感染的。教师辛勤的劳动和坦诚之心,一旦感染了学生,就会引起学生对教师由衷地敬爱。"和谐的师生关系要靠师生共同努力去营造,只有彼此坦诚相待,真情相对,才可能收获甘甜的幸福。不管是聪明乖巧受过你夸赞鼓励的学生,还是因言行不当受过你批评教诲的学生,也不管是当时便感激师恩,还是过后甚至若干年以后才有醒悟或一直不明了却受之引导,良师的教诲都将影响学生的一生,有什么能比荡涤他人灵魂并令之受益终身更幸福的事情呢?"[③]

---

① 孙英.幸福论[M].北京:人民出版社,2004:309.
② 孙英.幸福论[M].北京:人民出版社,2004:33-39.
③ 唐凯麟,刘铁芳.教师成长与师德修养[M].北京:教育科学出版社,2007:204.

2. 利己幸福与利他幸福

对每个人的生存发展之完满有价值、有意义的只能是利己和利他两种目的,因为一个人只有实现了这两种目的,才可能是幸福的,所以虽然目的和快乐可以分为利己、利他、害己、害他四类,但幸福却只可能分为利己与利他两类。所谓利己幸福,是为了自己的幸福,是一个人利己目的得到实现的幸福,是一个人对自己的一生具有重大意义的利己的需要、欲望、目的得到实现的心理体验。所谓利他幸福,是为了他人的幸福,是一个人利他目的得到实现的幸福,是一个人重大的利他的需要、欲望、目的得到实现的心理体验。[①] 如果一个教师实现利他目的对于他自己的生存发展之完满具有重大意义的话,他的这种利他目的得到实现的心理体验就不仅仅是快乐,而是一种幸福,是一种利他幸福。这一点,只要我们反思教师的生活,就会有同样的体验。许多教师往往为了学生而丝毫不为自己,甚至作出许多自我牺牲,但内心却充满了喜悦和幸福。但是,一般说来,获得利他幸福与获得利己幸福是相辅相成的,因为一个教师获得的利他幸福越多,他的师德就会越高尚,而一个师德高尚的教师会更多地受到社会和学生的赞赏,于是他的利己幸福也就越容易实现了,他的利己幸福当然也就越多。反过来说,一个教师获得正当的利己幸福越多,同样能促进他获得更多的利他幸福。这里涉及两种幸福的不同道德境界。利他幸福不依实现它的手段的不同而转移,不论手段如何,利他幸福都因其目的是为了他人而符合"无私利他"的道德最高原则,因而都是无私利他的幸福,就其道德境界来说,是最高的正当幸福。

3. 过程幸福与结果幸福

幸福也可分为过程幸福和结果幸福两类,过程幸福是指在教育过程中,我们所体验到的快乐之和,学生每一次进步、意识到自己的职业理想正在实现等都会使教师产生过程幸福。结果幸福则是指在经过一定的努力而使学生获得了大的进步,自己的职业理想得以实现时的快乐体验,如学生毕业考上了理想的学校,自己晋升职称、获得了奖励等。当然,由于教师的劳动具有重复性、长期性和未来性,其过程幸福与结果幸福之间并没有明显的界限,常常是交织在一起的,并更多地体现为过程幸福。一般来说,获得结果幸福比获得过程幸福难度大,使得教师对结果幸福的体验比过程幸福强烈,但结果幸福常常是短暂的,之后又是过程幸福,如此循环往复,构成教师职

---

① 孙英.幸福论[M].北京:人民出版社,2004:44-50.

业幸福的总体状态。相反,获得过程幸福比获得结果幸福难度小,使教师对过程幸福的体验比较微弱,但过程幸福却是多次连续的、漫长的。一方面,追求幸福的过程大都曲折多难,虽多有成功的喜悦,但也不乏失败的痛苦,所以过程幸福是一种夹杂痛苦和失败的不纯的幸福。然而,过程幸福之后,都会使教师有更加充实奋发的体验,感到更加接近强烈巨大的结果幸福,都有新的幸福体验在呼唤。另外,教师职业生活中的过程幸福与结果幸福不仅是交织在一起的,而且互为条件。结果幸福是过程幸福的条件,教师不追求结果幸福,他也享受不到过程幸福。另一方面,过程幸福也同样是结果幸福的存在条件,没有过程幸福也不会有结果幸福。这是因为,即使教师只想享有过程幸福,而无意于结果幸福,他也必然走向结果幸福。相反,如果一个教师只想获得结果幸福,而不在乎过程是否幸福,他也必然会收获过程幸福。

4. 创造性幸福与消费性幸福

依据创造性之有无,我们可以把幸福分为创造性幸福与非创造性幸福两类。非创造性幸福又被称为消费性幸福,这里的消费性是指消费、使用别人的创造性成果,如教师在阅读他人的教育著作、参阅别人的教案、借鉴他人的教学方法过程中获得的幸福体验,便可称为消费性幸福。教师面对的是复杂多样的学生个体,传授的是不断更新的知识,要消化理解不断涌现的教育学、心理学新成果,这些都需要教师不断地消费别人的创造性成果,尤其是对新教师和处于成长过程中的教师来说。教师在学习、借鉴、模仿他人及其创造性成果过程中获得的消费性幸福是教师职业幸福的重要组成部分,伴随教师职业人生的始终。许多人认为,教师的劳动具有重复性,天天如此,月月这样,没有创造性,何来创造性幸福?其实不然。每位教师都可能获得创造性幸福,每位教师也都应该追求创造性幸福,这是因为"创造力是人类潜在能力的又一表现,我们所有的人都有惊人的创造力"[1]。同时,在教育过程中,每时每刻都有新的问题出现,都需要教师创造性地去解决,因此每位教师都具备创造的潜力和条件,都可能获得创造性幸福。就创造性幸福和消费性幸福的价值而言,创造性幸福远远高于消费性幸福,因为消费性幸福随着消费而渐渐消失,不可留存,而创造性幸福则是可以永恒不朽的。如果一个教师热爱自己的职业,他一定会竭尽全力使其劳动过程和劳动成果都充满创造性,教师职业的伟大和幸福就寓于这种创造性劳动之中。

---

[1] [美]马斯洛,等.人的潜能和价值[M].北京:华夏出版社,1987:388.

四、课程改革幸福实现的支持条件

幸福的实现不仅要依赖人们自身的条件和主观努力,而且也要以一定的客观条件为前提和基础。影响课程改革幸福实现的客观条件很多,而且也会因时代、国度的不同而不同,但合理地分配现有资源、营建和谐的环境、管理凸显人文关怀是课程改革幸福境界生成的必要支持条件。

(一)课程改革幸福实现的物质条件支持

基本的物质保障是幸福的必要支持条件,但物质条件对幸福实现的影响具有一定的限度,提升课程改革的幸福指数不能走入"物质误区"。

第一,虽然物质财富本身并不简单地直接等同于人生幸福,但幸福无须讳言物质财富的拥有。费尔巴哈当年在批判资本主义制度时,曾一针见血地指出:"没有德行就没有幸福,这个话你说得对,你是道德学家,我衷心地同意你,我已经这样承认你!但是,你须注意:没有幸福就没有德行。如果没有条件取得幸福,那就缺乏条件维持德行。德行和身体一样,需要饮食、衣服、阳光、空气和住居。……如果缺乏生活上的必需品,那么也就缺乏道德上的必要性。"[①]即使是反对将幸福作为人生目的性追求、提倡崇高德行的康德,也并没有截然反对人的物质生活幸福。他的纯粹实践理性并不要求人们抛弃对幸福的权利,只是要求人们在一讲到道德职责时就必须完全不顾及这种物质幸福罢了。他明确地指出:区分道德与物质幸福并不就此造成了两者的绝对对立,物质生活的幸福也应当成为人生幸福的一个方面,我们不能排斥物质幸福的正当性与合理性。[②] 换言之,康德并不反对人的物质生活幸福,只是主张个人的物质幸福之上还有更崇高的东西,物质生活的幸福应当服从于更崇高的目的。马克思也曾经说过:"人们奋斗所争取的一切,都同他们的利益有关。"[③]恩格斯也认为:"在一定条件下,利益机制可以成为历史发展的杠杆。"[④]马克思和恩格斯在这里所谈到的"利益"当然包含物质利益在其中。也就是说,在现实生活中,人不仅要追求生活意义、超

---

① 费尔巴哈.费尔巴哈哲学著作选集:上卷[M].北京:生活·读书·新知三联书店,1959:569.
② 高兆明.幸福论[M].北京:中国青年出版社,2001:70.
③ 马克思恩格斯全集:第1卷[M].北京:人民出版社,1956:8.
④ 马克思恩格斯全集:第4卷[M].北京:人民出版社,1956:233.

越现实与自我、进行创造性的活动,而且也要满足自然生命体的物质利益需要。为此,他必须劳动,必须参与社会事务,必须选择职业,从而解决实际的物质层次的生活问题。教师也是尘世中的普通人,而非超人,他们也要面对和解决吃、穿、住、行等人的基本生存问题。只有当这些物质条件达到能维持生命机体的需要时,教师才有可能追求更高层次的精神幸福。近几年来,虽然我国教师的物质生活条件有了较大的改善,但和他们劳动的复杂性、特殊性相比,其待遇仍显偏低。实事求是地说,我国广大教师的思想觉悟是很高的,他们中的大多数人不计名利、无私奉献、辛勤耕耘,但我们不能因为广大教师具有较高的觉悟而过多地从应然的角度对教师提出这样或那样的规范,而忽视其作为常人对生活的正当物质需求。要使教师把主要精力投入到教育之中,进而获得职业幸福,我们必须首先满足教师的生活需求,使其拥有相对较好的物质生活条件。

第二,教师职业幸福需要一定的物质条件为基础,然而它又不是物质财富所能直接等同的。也就是说,物质对教师职业幸福的影响具有一定的限度。没有一定的物质生活条件谈不上真实的幸福,但有了一定的物质生活条件,教师也未必就会获得职业幸福,这恰如弗洛姆曾指出的那样:"如果人付不起钱去买某种东西,那么他就会感到不幸福。然而幸福却完全是另一回事,幸福绝不是金钱所能买到的,幸福是世上'最廉价的'东西,……最有钱的人不见得是最幸福的人。"[1]物质对教师职业幸福的价值取决于它与道德的相关性,即教师取得或使用物质的方式是怎样的,是把它作为幸福的一种工具来看待,还是当作至高无上的目的去追求。如果教师把物质当作目的,也就堕入了不幸的深渊。教师的生活需要物质,但生活不能只有物质,正如马克思所说:"作家当然必须挣钱才能生活,但是他决不应该为了挣钱而生活、写作。"[2]幸福不表现在对物质的偏爱,道德才是铺设幸福之路的基石。教师只有把幸福奠定在德行与良好的教养上面,那才是唯一可靠和保险的办法。日本教育家小原国芳就十分反对教师为了财富而财富,他劝诫教师要懂得生活的理想在于富,但不能成为经济动物。他说,面包、房屋、衣服都需要,但还要有比这更高尚的东西,教师要有高度的自我、思考的自我。小原国芳曾到十几个地方作报告,每次都把裴斯泰洛齐墓志铭上的话"一切财产,为了他人,而不是为了自己"作为结束语,他要求教师要有裴斯泰洛齐

---

[1] 弗洛姆.对《星星》杂志编辑部的谈话[J].哲学译丛,1987(2).
[2] 马克思恩格斯全集:第1卷[M].北京:人民出版社,1956:87.

的心地,要从浅薄的物质主义、现实主义转向真正的自我现实生活。

第三,虽然物质对教师职业幸福的影响是有限度的,但毕竟教师职业幸福离不开一定的物质条件。给予教师与其职业付出相匹配的物质报偿不仅可以改善教师的生存条件,而且还可以激发教师的职业动机,稳固教师的职业理想。同时,因为得到相应的物质报偿意味着教师的职业作为得到了社会的承认和肯定,意味着社会需要这种贡献,从而可以强化教师作出更多的职业努力。那些一味地要求教师付出,指责教师要求获取的言行,显然是没有道理的。在物质财富还没有达到非常充足的国情下,现有物质资源的分配是否具有公正性、是否具有可比性是影响教师职业幸福的重要因素,是社会、学校必须面对且必须处理好的重要问题。笔者曾对教师在职业生活中感到不幸福的原因进行过调查,在教师所选择的 14 个影响因素中,按照选择的人数从多到少排列,排在最后一位的是"收入低"。这一结果表明,许多教师并不认为"收入低"是影响其职业幸福最重要的原因。但是,在被调查的 372 位教师中,只有 1.4% 的人对当前的工作收入很满意,14.2% 的人感到比较满意,而感到不满意和基本不满意的教师却分别占 40.6% 和 43.9%。一方面,教师并不认为"收入低"是影响其职业幸福最重要的原因;另一方面,教师又对工作收入不满意,原因是什么呢? 教师对工作收入不满意的原因是和其他行业相比,他们感到差别太大,心理不平衡,感觉自己的付出与经济获得不成正比。教师可以在艰苦的条件下默默奉献,可以忍受物质的贫乏,这样的教师不计其数,但是当他们与其他行业人员的收入、与自己同龄人的收入相比时,尤其是与在学历、能力等方面还不如自己的人相比时,如果收入反差太大,他们就会出现心理不平衡,影响他们的职业幸福。

(二)课程改革幸福实现的社会环境支持

每一个人都生活在社会之中,都不可能脱离社会而存在。构建更加和谐的社会环境,进而促进课程改革幸福的达成是我们的应然选择。

第一,幸福无法脱离他人和社会而存在。按照社会学家的观点,社会化的目的是使社会成员彼此间达成某种一致,也就是要使他们按照同样的规范,在所追求的目标和达到目标的手段上取得一致;社会化的实质是要把社会的规范变成个人行为的准则,在它们没有完全"内化"之前,它们对于个人来说都是外在的约束,都是他律性的东西;社会化的任务是使个体明了社会规定了哪些行为规范,进而使个体自觉地以社会行为规范来指导和约束自己的行为。人社会化了不一定有自由、不一定幸福,但人不能社会化肯定不会有自由和幸福。就在一个教师以自身为中心建立与社会的关系、寻求自己的幸福的同时,其他教师也以同样的方式建立与社会的联系、寻求自身的幸福。这样,我与他均被客体化、手段化,我与他一样均是一个平等的主体。在这个基础之上,各自的幸福才有可能得以真正实现。当一个人专为自己打算的时候,他追求幸福的欲望只有在罕见的情况下才能得到满足,而且绝不是对己对人都有利,正如法国哲学家霍尔巴赫所说:"为了使自己幸福,就必须为自己的幸福所需要的别人的幸福而工作;因为在所有的东西中间,人最需要的东西乃是人。"[1]这句富有哲理的名言深刻揭示了个人与他人、个人与社会的相互关联性,揭示了个人幸福与他人幸福的内在一致性。

第二,不服从一定的社会规约就不可能获得职业幸福,但服从了社会规约也不一定会获得职业幸福,这还要看社会是否为幸福的实现提供了条件。如果我们没有拥有实现幸福的社会条件和机遇,就像一粒种子没有土壤和水分一样,当然不可能开花结果。"幸福之获得与其说是由于自己的努力,不如说是由于运气,更确切些说,是机会。"[2]可以这样说,幸福实现的大小和难易程度,是受到社会环境影响的。笔者所进行的调查数据显示,有14.9%的教师不愿意在公开场合显示自己的教师身份,有39.8%的教师不太愿意在公开场合显示自己的教师身份,两者加起来占被调查教师总数的54.7%;有35.7%的教师认为教师的社会地位不高,有50.7%的教师认为教师的社会地位不太高,两者加起来占被调查教师总数的86.4%。这说明50%左右的教师没有职业自豪感,大多数教师认为当前教师职业的社会地位有待于提高。由此可见,社会环境是影响教师幸福的重要因素,创设有利于幸福实现的更加和谐的社会环境是我们的应然选择。

第三,社会和谐是幸福的关键性环境条件,是追求和获得幸福所必需的生存环境的理想状态。我们应致力于更加和谐社会环境的构建,为人们谋求幸福提供条件,以促进幸福的实现。针对当前的情况,政府尤其应该重视制定相关政策对社会分配不公现象作适当的调节。虽然政策不像法律那样可以保障每一位公民的权利,具体的政策很难照顾到每一个人的利益,但从

---

[1] 北京大学哲学系外国哲学史研究室.十八世纪法国哲学[M].北京:商务印书馆,1963:649.

[2] Ignacio L. Gotz. Conceptions of Happiness[M]. Lanham, New York: University Press of America, Inc., 1995:5.

终极目标上看,每一项政策都应为了全体社会成员,每一项政策都应尽可能照顾最大多数人的利益,并对可能因某一项政策受到损害的人或从一项政策中获益较少的人用一些适当的方式给予补偿。① 当前,虽然我们十分强调尊师重教,强调教育优先发展的战略地位,但在许多方面还没有得到有效落实,甚至在执行政策时出现了一些不利于教育发展的问题。许多教师在校外不愿意公开自己的身份,说明教师并不是一个被社会所广泛尊重的职业,但社会又赋予教师太多的要求与期望,使教师背负着太重的负担。这一"高"一"低"使教师处于尴尬的社会境地,影响了教师的心境,使许多教师从事教师职业不是完全出于热爱,而是因为没有其他更好的选择。

第四,和谐不是一种表面的有序协调,而是有其内在根据和根本原则的,这就是公正。没有公正,就不会有真正的和谐。就社会公正而言,只有社会成员都能得其所应得,社会才会有公正。如果一个社会权利不公、机会不公、分配不公,这样的社会无论怎样致力于构建和谐,都不可能真正成为和谐社会的。既然公正是和谐的内在根据,就必须严格根据公正的要求来构建和谐,尊重共同体内事物或个体应有的地位、权利,尽力使其各尽其能,努力使其各得其所。② 离开了社会成员存在的普遍幸福及其感受,就谈不上一个社会的公正。离开了社会公正奢谈幸福也是不现实的。当前存在的一个突出问题是:社会对教师的规约超出了教师职业的限度,一些本应该由社会和家庭承担的责任,却推给了学校和教师。当学生出现问题时,我们往往过多地指责学校和教师,使学校和教师在社会过高的要求下不堪重负。教育有其相对的独立性和自身的规律,教师应该拥有相对独立的职业权利,他们希望学生健康、幸福地成长,学生也需要快乐和幸福,可家长和社会往往只是关注学生的分数,使得教师不得不屈从社会的压力,以牺牲自身和学生的幸福为代价去追逐分数,因为只有分数和升学率才能使他们赢得社会、家庭和学校认可。当前社会对学校和教师的过度约束表现之一是名目繁多的检查。在我们的访谈中,许多校长和教师反映他们几乎每个星期都要迎接检查,严重地干扰了学校和教师的正常工作,使学校和教师均感到疲惫不堪。某市某小学是一个百年老校,被教育部门给予了"特权",拥有相对较多的"自由",可以不参加一些检查和评比,也不参加统考和成绩排名,使学校和教师可以专心于教学改革,做好学校和教师应该做好的事。在这样的环境下,该校教师

---

① 江畅.幸福与和谐[M].北京:人民出版社,2005:540.
② 江畅.幸福与和谐[M].北京:人民出版社,2005:9.

与学生的幸福感明显高于其他同类学校,但该校的人才培养质量和社会声望并没有下降,反而更加好了。这虽然只是一个个案,但却值得我们深思。

(三) 课程改革幸福实现的学校文化支持

良好的学校文化环境可以促进课程改革幸福的实现,而不良的学校文化环境则会贬抑课程改革幸福的实现。在这里,我们主要从管理的视角出发,来探讨课程改革幸福实现的学校文化支持问题。

1. 学校管理制度是保证教育活动的合理开展、维护师生共同利益的一种强制手段

从学校文化的营建要求来看,则需要赋予学校规章制度以精神文化的色彩,让其深入到师生的心理层面并发挥作用。那么,当前教师对学校管理制度的满意度如何呢?笔者在某市所进行的调查数据统计结果显示,在被调查的 372 位教师中,87% 的人对当前的管理制度是不满意的;有 12.3% 的人认为学校的评比和奖励不能起到激励作用,有 41.8% 的人认为学校的评比和奖励基本不能起到激励作用,两者加起来占被调查教师总数的 54.1%。在随后进行的访谈中,多数被访者认为,教师之所以对学校的管理制度不满意,是因为当前的某些管理制度缺乏人文关怀,起不到激励作用。作为学校的管理者,我们在对教师的职业行为进行"刚性"管理的同时,还应思考如何帮助教师寻找幸福、感受幸福。"一个人对自己的行为负责,并不是仅仅表现在他行为不端时会受到公正的谴责或惩罚,同时也表现在他获得成功时会受到奖赏和钦佩。"[①]当我们发现一个教师的行为有意义和价值时,我们表扬和奖励他,使他可能将这种行为继续下去,与我们向演员鼓掌叫好,呼喊"再来一次"所表达的意思一样。表扬和赞许之所以有促进作用,是因为赞扬一个教师或赞许他的行为,往往会使他以后做得更好,也会对其他教师带来影响和引导作用。当教师应该受到奖励和赞扬的机会被剥夺之后,他会选择逃离剥夺他应该受到奖励和赞扬的机会的人或环境,进而会削弱这些人的力量以及环境的凝聚力和吸引力。更为重要的是,如果一个教师不应受到赞扬,而我们却奖励了,那就失去了奖励和赞扬的公正性和公平性,最终会导致集体行为的失范和学校人际环境的恶化。这实际上是一个

---

① [美]B.F.斯金纳.超越自由与尊严[M].陈维纲,等译.贵阳:贵州人民出版社,2006:16.

奖惩是否运用得当的问题,奖惩运用得当会促进集体创造氛围和凝聚力的形成,反之则会引起力量的耗散和人心的背离。

2. 评价制度是学校管理制度的核心,评价结果是奖惩的重要依据

任何人从事任何活动,总希望知道结果。学生希望知道自己的学习成绩,教师也同样希望知道自己的教学效果,进而判断自己的工作能力、业务水平。美国心理学家罗杰斯认为,每个人都有被喜爱、被认可、被关怀的所谓"积极关注"的需要,正是这些需要常常使人用普遍的、公认的标准去评定自己的行为,并对自己的行为进行调整,以获取新的或更高的"积极关注"。对教师的评价是否具有科学性和客观性,是否合理公正,会极大地影响教师的职业作为,进而影响其职业幸福。然而,当前学校对教师的评价仍然存在许多问题,如重结果而轻过程,重奖惩而轻发展;评价指标单一,无法与教师劳动的复杂性、艰巨性相匹配;评价手段陈旧,仍采用听课、查教案等传统做法,过重看待升学率;多数评价人员还做不到深入实际,表面化、形式化严重等。有个比喻说得好:评价机制好比杠杆撬动物体时的支点,支点的位置直接决定杠杆撬动的难易程度,好的评价机制往往能起到"四两拨千斤"的作用。对教师的评价主要涉及两个问题:一是评价的指标体系是否科学,二是评价的过程是否民主。对于评价的民主问题,肖川教授建议学校对教师每一个学期都应该有一个评价,这个评价由学校的中层领导,比如说教研组组长、年级组组长来做。为什么要由他们来做呢?因为评价应该建立在对教师日常表现非常具体、清晰了解的基础上。评价过程中首先应该有一个非常正式的面谈,面谈时间在一小时左右,给教师一个对自我工作状况总结、回顾、反思、评价的机会。在此基础上,评价者基于平时对教师的了解和对教师岗位职责的要求,做一个带有鼓励性质的、中肯的评价。如果多年以来对一个教师的评价都很高,那么可以考虑两年或者更长时间评价一次该教师,而不必每学期都评。① 教师的幸福需求并不高,他们的幸福就在于对其职业的认同、理解和尊重。只要建立合理的管理制度,实施人性化管理,给教师一些自主发展的空间,他们就会被幸福所包围。

需要说明的是,课程改革幸福实现的支持性条件远不止这三个方面,但这三个方面无疑是十分重要的。在今后的研究中,我们将会对课程改革幸福实现的其他支持性条件进行探讨。

---

① 肖川.着力提高教师生活的幸福指数[N].中国教育报,2007-12-18.

参考文献

一、著作

[1] 王霁.认识系统运行论[M].北京:中国人民大学出版社,1990.
[2] 崔自铎.认识论研究[M].北京:求实出版社,1986.
[3] 朱德生.西方认识论史纲[M].南京:江苏人民出版社,1983.
[4] 林德宏,等.科学认识思想史[M].南京:江苏教育出版社,1995.
[5] 汪安圣.思维心理学[M].上海:华东师范大学出版社,1992.
[6] 胡文耕.信息、脑与意识[M].北京:中国社会科学出版社,1992.
[7] 陈嘉映.《存在与时间》读本[M].北京:生活·读书·新知三联书店,1999.
[8] 彭富春.无之无化:论海德格尔思想道路的核心问题[M].上海:上海三联书店,2000.
[9] 翟华.观念世界探幽[M].济南:山东文艺出版社,1989.
[10] 王培智.观念更新论[M].南宁:广西人民出版社,1993.
[11] 李君如.观念更新论[M].沈阳:辽宁教育出版社,1988.
[12] 赵汀阳.论可能生活:一种关于幸福和公正的理论[M].北京:中国人民大学出版社,2004.
[13] 周辅成.西方伦理学名著选辑[M].北京:商务印书馆,1987.
[14] 陈根法,吴仁杰.幸福论[M].上海:上海人民出版社,1988.
[15] 董耀会.幸福悖论[M].北京:中国经济出版社,2004.
[16] 高兆明.幸福论[M].北京:中国青年出版社,2001.
[17] 孙英.幸福论[M].北京:人民出版社,2004.
[18] 江畅.幸福与和谐[M].北京:人民出版社,2005.
[19] 江畅.幸福之路[M].武汉:湖北人民出版社,1999.
[20] 荆彦凯.你在为自己的幸福工作[M].北京:中国国际广播出版社,2005.

[21] 晓春.幸福与人生[M].太原:山西高校联合出版社,1995.
[22] 全南.幸福的计量[M].北京:中国经济出版社,2005.
[23] 张治库.人的存在与发展[M].北京:中央编译出版社,2005.
[24] 梁漱溟.人心与人生[M].上海:上海人民出版社,2005.
[25] 杨国荣.伦理与存在:道德哲学研究[M].上海:上海人民出版社,2002.
[26] 高国希.道德哲学[M].上海:复旦大学出版社,2005.
[27] 王晓华.个体哲学[M].上海:上海三联书店,2002.
[28] 王海明.人性论[M].北京:商务印书馆,2005.
[29] 杨适.中西人论的冲突[M].北京:中国人民大学出版社,1991.
[30] 周晓亮.休谟及其人性哲学[M].北京:社会科学文献出版社,1996.
[31] 萧焜焘.精神世界掠影[M].南京:江苏人民出版社,1987.
[32] 高兆明.存在与自由:伦理学引论[M].南京:南京师范大学出版社,2004.
[33] 傅佩荣.智者的生活哲学[M].北京:国际文化出版公司,2005.
[34] 郑石岩.胜任自己[M].桂林:广西师范大学出版社,2005.
[35] 杨岚,张维真.中国当代人文精神的构建[M].北京:人民出版社,2002.
[36] 司马云杰.价值实现论[M].西安:陕西人民出版社,2003.
[37] 李连科.价值哲学引论[M].北京:商务印书馆,1999.
[38] 陶东风.社会转型与当代知识分子[M].上海:上海三联书店,1999.
[39] 萧功秦.知识分子与观念人[M].天津:天津人民出版社,2002.
[40] 原方.知识分子论[M].上海:上海三联书店,2005.
[41] 陈明远.知识分子与人民币时代[M].上海:文汇出版社,2006.
[42] 赵宝煦.知识分子与社会发展[M].北京:华夏出版社,2003.
[43] 陶东风.知识分子与社会转型[M].郑州:河南大学出版社,2004.
[44] 刘次林.幸福教育论[M].北京:人民教育出版社,2003.
[45] 沙洪泽.教育:为了人的幸福[M].北京:教育科学出版社,2005.
[46] 金生鈜.规训与教化[M].北京:教育科学出版社,2004.
[47] 冯建军.生命与教育[M].北京:教育科学出版社,2004.
[48] 高伟.生存论教育哲学[M].北京:教育科学出版社,2006.

[49] 熊川武,江玲.理解教育论[M].北京:教育科学出版社,2005.

[50] 王坤庆.精神与教育[M].上海:上海教育出版社,2002.

[51] 涂艳国.走向自由[M].武汉:华中师范大学出版社,1999.

[52] 李家成.关怀生命:当代中国学校教育价值取向探[M].北京:教育科学出版社,2006.

[53] 王北生,等.生命的畅想:生命教育视阈拓展[M].北京:中国社会科学出版社,2004.

[54] 丁念金.独立型人格建构:人格转型与教育改革[M].长春:吉林教育出版社,2002.

[55] 鲁善坤.人的发展:教育的基本维度[M].北京:教育科学出版社,2005.

[56] 王正平,郑百伟.教育伦理学[M].上海:上海教育出版社,1998.

[57] 孙彩平.教育的伦理精神[M].太原:山西教育出版社,2004.

[58] 宋晔.校园伦理智慧论[M].广州:中山大学出版社,2006.

[59] 桑新民.呼唤新世纪的教育哲学[M].北京:教育科学出版社,1993.

[60] 叶澜."新基础教育"论[M].北京:教育科学出版社,2006.

[61] 叶澜."新基础教育"探索性研究报告集[M].上海:上海三联书店,1999.

[62] 叶澜,等.教师角色与教师发展新探[M].北京:教育科学出版社,2001.

[63] 黄书光,等.中国基础教育改革的文化使命[M].北京:教育科学出版社,2001.

[64] 陈玉琨,等.课程改革与课程评价[M].北京:教育科学出版社,2001.

[65] 杨启亮.困惑与抉择:20世纪的新教学论[M].济南:山东教育出版社,1995.

[66] 陆有铨.躁动的百年:20世纪的教育历程[M].济南:山东教育出版社,1997.

[67] 孙孔懿.教育失误论[M].南京:江苏教育出版社,1997.

[68] 靳玉乐,田继万.教学改革论[M].重庆:西南师大出版社,1998.

［69］白月桥.课程变革概论[M].石家庄:河北教育出版社,1996.

［70］郝德永.课程与文化:一个后现代的检视[M].北京:教育科学出版社,2002.

［71］廖哲勋,田慧生.课程新论[M].北京:教育科学出版社,2003.

［72］郭晓明.课程结构论[M].长沙:湖南师范大学出版社,2002.

［73］石中英.知识转型与教育改革[M].北京:教育科学出版社,2001.

［74］石中英.教育学的文化性格[M].太原:山西教育出版社,2005.

［75］赵中建.学校文化[M].上海:华东师范大学出版社,2004.

［76］鲁宏飞,等.学校文化建设与管理研究[M].上海:华东师范大学出版社,2007.

［77］窦桂梅.玫瑰与教育[M].上海:华东师范大学出版社,2006.

［78］李吉林.情境教育的诗篇[M].北京:高等教育出版社,2004.

［79］杨瑞清.走在行知路上[M].北京:高等教育出版社,2004.

［80］李镇西.与青春同行[M].北京:高等教育出版社,2005.

［81］陈大伟.创造幸福的教师生活[M].成都:四川大学出版社,2004.

［82］刁培萼,吴也显,等.智慧型教师素质探新[M].北京:教育科学出版社,2005.

［83］刘捷.专业化:挑战21世纪的教师[M].北京:教育科学出版社,2005.

［84］傅道春.教师的成长与发展[M].北京:教育科学出版社,2001.

［85］朱小蔓,等.教育职场:教师的道德成长[M].北京:教育科学出版社,2002.

［86］金美福.教师自主发展论[M].北京:教育科学出版社,2005.

［87］黄燕.中国教师缺什么[M].杭州:浙江大学出版社,2005.

［88］张万祥,万玮.教师专业成长的途径[M].上海:华东师范大学出版社,2005.

［89］申继亮.新世纪教师角色重塑[M].北京:北京师范大学出版社,2006.

［90］申继亮.教师人力资源开发与管理[M].北京:北京师范大学出版社,2006.

［91］申继亮.教学反思与行动研究[M].北京:北京师范大学出版

社,2006.

[92] 王斌华. 教师评价:绩效管理与专业发展[M]. 上海:上海教育出版社,2005.

[93] 陈向明. 质的研究方法与社会科学研究[M]. 北京:教育科学出版社,2000.

[94] 陈向明. 在行动中学作质的研究[M]. 北京:教育科学出版社,2003.

[95] 陈向明. 教师如何作质的研究[M]. 北京:教育科学出版社,2001.

[96] 尹弘飚,李子建. 课程变革:理论与实践[M]. 台湾:高等教育文化事业有限公司,2008.

[97] 张清滨. 学校教育改革:课程与教学[M]. 台湾:五南图书出版股份有限公司,2008.

[98] 潘慧玲. 学校革新:理念与实践[M]. 台湾:学富文化事业有限公司,2002.

[99] [英]David Carr. 教育意义的重建:教育哲学暨理论导论[M]. 黄藿,但昭伟,译. 台湾:学富文化事业有限公司,2007.

[100] [美]Neal A. Glasgow, Cathy D. Hicks. 如何成为成功的教师[M]. 杜宜展,译. 台湾:心理出版社股份有限公司,2008.

[101] [英]Frank Furedi. 知识分子都到哪里去了?[M]. 戴从容,王晶,译. 台湾:圣经出版事业股份有限公司,2006.

[102] [美]小威廉姆·E. 多尔. 后现代课程观[M]. 王红宇,译. 北京:教育科学出版社,2000.

[103] [美]詹姆士·G. 亨德森,理查德·D. 霍索恩. 革新的课程领导[M]. 志平,李静,译. 杭州:浙江教育出版社,2005.

[104] [美]Allan A. Glatthorn. 校长的课程领导[M]. 单文经,等译. 上海:华东师范大学出版社,2003.

[105] [美]流心. 自我的他性:当代中国的自我系谱[M]. 常姝,译. 上海:上海人民出版社,2005.

[106] [美]詹姆斯·马奇,等. 规则的动态演变[M]. 童根兴,译. 上海:上海人民出版社,2005.

[107] [德]卡尔·雅斯贝斯. 时代的精神状况[M]. 王德峰,译. 上海:上海译文出版社,1997.

[108] [英]齐格蒙特·鲍蔓. 被围困的社会[M]. 郇建立,译. 南京:江

苏人民出版社,2005.

[109] [美]戴维·斯沃茨.文化与权力[M].陶东风,译.上海:上海译文出版社,2006.

[110] [美]E.希尔斯.论传统[M].傅铿,吕乐,译.上海:上海人民出版社,1991.

[111] [美]约翰·杜威.确定性的寻求[M].傅统先,译.上海:上海人民出版社,2005.

[112] [法]米歇尔·福柯.规训与惩罚[M].刘北成,杨远婴,译.上海:生活·读书·新知三联书店,2003.

[113] [美]拉塞尔·雅各比.最后的知识分子[M].洪洁,译.南京:江苏人民出版社,2006.

[114] [英]保罗·约翰逊.知识分子[M].杨正润,等译.南京:江苏人民出版社,2003.

[115] [美]卡尔·博格斯.知识分子与现代性的危机[M].李俊,等译.南京:江苏人民出版社,2006.

[116] [美]艾尔文·古德纳.知识分子的未来和新阶级的兴起[M].顾晓辉,等译.南京:江苏人民出版社,2006.

[117] [法]朱利安·班达.知识分子的背叛[M].佘碧平,译.上海:上海人民出版社,2005.

[118] [英]约翰·怀特.再论教育目的[M].李永宏,等译.北京:教育科学出版社,1997.

[119] [美]约翰·I.古德莱得.一个称作学校的地方[M].苏智欣,等译.上海:华东师范大学出版社,2006.

[120] [苏]赞可夫.和教师的谈话[M].杜殿坤,译.北京:教育科学出版社,1980.

[121] [苏]苏霍姆林斯基.给教师的建议[M].杜殿坤,译.北京:教育科学出版社,1984.

[122] [美]帕克·帕尔默.教学勇气:漫步教师心灵[M].吴国珍,等译.上海:华东师范大学出版社,2005.

[123] 王传金.教师幸福论[M].济南:山东人民出版社,2009.

[124] A. H. Halsey, Hugh Lauder, Phillip Brown, Stuart Wells. Education: Culture, Economy, and Society[M]. Oxford: Oxford University Press,1997.

[125] Barnes Jonathan. Aristotle:A Very Short Introduction[M]. Oxford:Oxford University Press,2000.

[126] Kotter John P.. Leading Change[M]. Boston:Harvard Business School Press,1996.

[127] Fullan Michael G.. The New Meaning of Educational Change [M]. New York:Teachers College Press,1991.

[128] Kanter Rosabeth Moss,Stein Barry A.,Jick Todd D.. The Challenge of Organizational Change [M]. New York:The Free Press,1992.

[129] Kottler Jeffrey A.. Making Changes Last [M]. London:Brunner-Routledge,2001.

[130] Zaltman Gerald,Duncan Robert. Strategies for Planned Change [M]. New York:Wiley,1977.

[131] Fullan Michael. Leading in a Culture of Change [M]. San Francisco:Jossey-bass,2001.

[132] Clark R. W.. Effective Professional Development Schools[M]. San Francisco:Jossey-bass Publishers,2001.

[133] Myra Pollack Sadker. Teachers,School,and Society[M]. New York:The McGraw-Hill Company,Inc.,1997.

[134] Peter McLaren. Life in Schools[M]. New York:Longman Publishing Group,1994.

[135] Hall Gene E.,Hord Shirley M.. Implementing Change[M]. Boston:Allyn and Bacon,2001.

二、期刊论文

[1] 杨启亮.合格性评价:基础教育评价的应然选择[J].教育研究,2006(11).

[2] 杨启亮.守护家园:课程与教学变革中的模仿与创新[J].教育研究,2007(9).

[3] 杨启亮.教学的教育性与教育的教学性[J].教育研究,2008(10).

[4] 杨启亮.基础教育课程与教学变革中的实践问题[J].教育研究与实验,2008(5).

[5] 杨启亮.特色均衡:欠发达地区课程变革路径的选择[J].课程·教材·教法,2006(12).

[6] 杨启亮.追求合适:课程与教学变革中的"同"与"异"[J].当代教育科学,2006(21).

[7] 杨启亮.课程与教学变革中的模仿与创新[J].教育发展研究,2007(6A).

[8] 杨启亮.困惑的思考:在素质教育与考试竞争之间[J].课程·教材·教法,2007(11).

[9] 杨启亮.误解与辨析:选择底线评价的几个实践问题[J].江苏教育研究,2008(1).

[10] 王本陆.论中国国情与课程改革[J].北京师范大学学报(人文社会科学版),2006(4).

[11] 钟启泉.中国课程改革:挑战与反思[J].比较教育研究,2005(12).

[12] 张立昌,金阿宁.影响新课程实施的诸因素之系统分析及对应策略[J].教育实践与研究(小学版),2007(11).

[13] 马云鹏,唐丽芳.新课程实施的现状与对策:部分实验区评估结果的分析与思考[J].东北师大学报(哲学社会科学版),2002(5).

[14] 张家军.新课程实施的问题、原因与对策[J].天津师范大学学报(基础教育版),2007(3).

[15] 秦文孝,肖自明.新课程实施状况调查报告[J].渭南师范学院学报,2007(3).

[16] 贺中元,李阳.我国农村基础教育社会适应性低的病理学分析[J].湖南第一师范学报,2006(2).

[17] 蒋士会.试析教师对课程改革的阻抗[J].学科教育,2003(8).

[18] 何亚明.试论阻碍新课程改革深入的几大因素[J].湖北教育学院学报,2007(1).

[19] 屠莉娅.论基础教育新课程改革对国情的适应与创造[J].全球教育展望,2007(8).

[20] 陈利平,卢晓华.理解动因·消除困惑·实现跨越:来自小学新课程改革的调研报告[J].大连大学学报,2002(5).

[21] 陈培瑞. 基础教育新课改:反观与前瞻后的沉思[J]. 江西教育科研,2004(1).

[22] 成尚荣,彭钢,张晓东. 基础教育课程实施与管理现状调查[J]. 教育理论与实践,2002(6).

[23] 教育部"新课程实施与实施过程评价"课题组. 基础教育课程改革的成就、问题与对策:部分国家级课程改革实验区问卷调查分析[J]. 中国教育学刊,2003(12).

[24] 冯冬雯. 广州市新课程实施现状的调查与思考[J]. 教育导刊,2006(1).

[25] 谢泽源. 从适应走向自觉:赣州市小学教师新课程改革适应性研究与对策[J]. 基础教育课程,2007(4).

[26] 张家军. 当前我国课程改革中存在问题的思考[J]. 贵州师范大学学报(社会科学版),2004(3).

[27] 潘洪建,王洲林. 论课程实施中的七大关系[J]. 教育理论与实践,2007(3).

[28] 张立昌. 论基础教育课程改革的学校文化适应性及其改造的目标:基于中、美课程改革历史与现实的比较分析[J]. 比较教育研究,2005(4).

[29] 刘志军,杨会萍. 冲突与融合:课程文化在教育变革中破茧成蝶[J]. 中国教育学刊,2008(4).

[30] 尹弘飚,李子建,靳玉乐. 中小学教师对新课程改革认同感的个案分析:来自重庆市北碚实验区两所学校的调查报告[J]. 比较教育研究,2003(10).

[31] 王传金. 教师职业幸福的内涵考量[J]. 当代教师教育,2009(2).

[32] 王传金. 教师职业幸福解读[J]. 教育理论与实践,2008(34).

[33] 王传金. 论教师职业幸福实现的要素[J]. 教师教育研究,2009(2).

[34] 王传金. 教师职业幸福的实现何以可能[J]. 教育理论与实践,2010(13).

[35] 王传金. C市小学教师职业幸福现状调查报告[J]. 当代教育科学,2009(2).

[36] 王传金. 理想与教师职业幸福的实现[J]. 天津师范大学学报(基础教育版),2010(4).

[37] 王传金. 茧式状态与阈限突破:教学观念与教学行为背离现象剖析[J]. 当代教育科学,2006(15).

[38] 王传金.教学观念向教学行为转化的理路[J].江苏教育研究,2008(15).

[39] 王传金.基础教育改革中应注意的几个问题[J].教育探索,2000(3).

[40] 王传金.教师教育标准:维度与主体[J].河北师范大学学报(教育科学版),2010(9).

[41] 王传金.应用型人才浅析[J].当代教育论坛,2007(9).

[42] 王传金,谢利民.教学文化与教师职业幸福[J].教育科学研究,2008(4).

[43] 王传金,谢利民.论中小学校长的课程领导能力[J].教学与管理,2006(12).

[44] 王传金,谢利民.教学观念研究:何去何从[J].教育理论与实践,2006(13).

[45] 王传金,谢利民.论有效课堂教学的教师基础[J].天津师范大学学报(基础教育版),2009(1).

[46] 王传金,谢利民.概念规约与对象厘清:学科教育学研究的两个前提性问题[J].西北师大学报(社会科学版),2006(6).

[47] 王传金,王琳.论准教师实践性知识的习得[J].教育理论与实践,2007(10).

[48] 徐继存,王传金.教学模式研究:何去何从[J].克山师专学报,2000(2).

[49] 李彦良,王传金.素质教育的制约因素分析[J].教育探索,2000(9).

[50] 潘洪建,王传金.关注过程 毋忘知识[J].当代教育科学,2005(10).

[51] 何玉海,王传金.现代大学制度:本质内涵、基本结构与建设路径[J].上海师范大学学报(哲学社会科学版),2016(3).

[52] 何玉海,王传金.关于高等学校教育规划管理的几点思考[J].当代教育科学,2016(7).

[53] 吕俊,王传金.中本衔接一体化教学管理的五个"共同"[J].职教论坛,2016(17).

[54] 何玉海,王传金.论课程标准及其体系建设[J].教育研究,2015(12).

[55] 彭小虎.社会变迁中的小学教师生涯发展[D].上海:华东师范大

学,2005.

[56] 王玉秋.对我国中小学教师生存状态的反思[D].上海:华东师范大学,2006.

[57] 陈雨亭.教师研究中的自传研究方法[D].上海:华东师范大学,2006.

[58] 周润智.被规约的教师职业[D].南京:南京师范大学,2002.

[59] 王传金.论教师教学观念的转变[D].兰州:西北师范大学,2001.

[60] 王传金.教师职业幸福研究[D].上海:上海师范大学,2008.

后 记

时间如白驹过隙，总是在悄然中流逝，转眼间，我们的脸上就布满了岁月的过痕。时间都到哪儿去了？不同的人也许会有不同的回答，对于我来说尤其需要思考这个问题。我的第一本专著《教师幸福论》完稿于 2008 年末，那时自己刚好四十周岁。这本《课程改革论》是我的第二本专著，完成的时间距第一本专著的出版时间已有八年。恍然间，我已年近半百，华发渐生，岁月之于我便成了一种时常令人感叹的东西。此时正值盛夏，江南小城夏意正浓，可我明明已经闻到了秋天的气息，听到了秋天渐进的脚步。我梦寐秋天的到来，因为秋天不仅是收获的季节，而且也是反思的季节。在凉爽的秋季里，在坦然自豪的落叶中，春的萌动与夏的烦躁渐渐远去，赋予人们无尽的遐想沉思以及渐近的成熟理性。

在教育领域，课程改革是一个重要的问题，也是一个复杂的问题。研究这个问题时，我常常感到诚惶诚恐、步履维艰，有时甚至无所适从，但又不得不面对它。此拙作的撰写缘于我所主持的江苏省教育科学"十二五"规划 2011 年度重点资助课题"苏南地区基础教育课程改革的复杂性研究"。课题立项后不久，我就服从组织安排，转岗到学校教务处工作。本着"在其位、谋其政"的想法，到教务处工作后至现在，我更多地学习和关注的是高等教育领域的有关问题，致使该课题的研究进度拖后了一段时间，心中很是愧疚和不安，深感对不起省教育科学规划办的同志和评审专家的信任，在此深表歉意。该课题的研究是在假期中工作之余进行的，可由自己安排的时间不多，加之团队成员也各有各的工作与研究任务，更重要的是由于自己学识浅薄、功力不够，使研究的成果远远没有达到原定的预期，常常陷于自责之中。在此需要说明的是，本书中的有些内容已经以论文的形式陆续发表在《教育研究》、《教师教育研究》、《教育科学研究》、《江苏教育研究》、《教育理论与实践》、《当代教育科学》、《教学与管理》、《河北师范大学学报》（教育科学版）、《天津师范大学学报》（基础教育版）等期刊上，其中发表在《教育研究》杂志 2015 年第 12 期上的《论课程标准及其体系建设》一文是与何玉海博士合作完成的；第五章、第八章的内容吸收了我的硕士和博士学位论文中的一些内容。从这个角度讲,此拙作亦可看作是我对基础教育及教师教育研究的阶段性总结。

人的生命应是一段幸福的旅程,感恩应贯穿于生命的全过程。此拙作的完成,我特别要感谢江苏省教育科学规划领导小组办公室主任彭钢研究员等学者,江苏理工学院职业教育研究院院长庄西真博士等学友,上海师范大学高等教育研究所的何玉海博士等同学,常州工学院教师教学发展中心的苗贵松副教授等同事,他们均给予了我诸多支持与帮助。南京师范大学出版社高教编辑室张春主任和本书的责任编辑刘娟娟老师认真审读了书稿,并提出了许多修改意见,她们认真负责的工作态度、精益求精的职业精神、扎实深厚的理论素养为本书的出版作出了贡献,感谢她们的辛勤劳动与付出。南京师范大学课程与教学研究所杨启亮教授、徐文彬教授等诸位恩师将此书列入他们组织编撰的"课程与教学研究丛书",使我深受感动,也倍感不安。常州工学院的学校领导以及其他同事在工作中均给予了我诸多兄长般的指导与帮助,他们包容了我的任性,宽容了我的愚钝,指出了我的不足,提携了我的进步。在这个温暖和谐而又充满生机活力和开拓进取精神的大家庭中工作与生活,我深感幸福与幸运。

研究是一个教师的本分,反思应伴随教师职业生涯的始终,这是因为教育不仅需要理想和激情,更需要执着和理性。人的精力是有限的,每个人的知识基础是不同的,每个人的工作职责与实践经历也是不同的。我们理应根据自己的理论基础、实践经历、岗位需要,选定一个相对稳定的研究方向,持之以恒地学习、思考、提炼,见之于文字,付诸实践,进而不断加深研究的深度。也就是说:想明白、说明白、写明白、做明白理应是一个教育工作者的应然追求。从这个角度反思自己,深感汗颜,因为自身实然与应然间的距离实在太大了,但反思不是埋怨、牢骚、自悔,更不是发泄,而是一种自省、思考、探究和评价,是我们批判地考察自己言行的过程,它可以使我们澄洗理念、梳理实践。人的生活中如果没有反思,则会导致片面、短视与夜郎自大,但笃行是反思的显性指向和应然归宿,没有行的反思是缺憾的、不完整的,也是没有多大价值的。从这个意义上讲,行动是反思的应有之义,我们应该且思且行,获得积极发展,守护生存意义,实现人生价值,提升生命质量。浅见拙识,述来分享,作为后记。

王传金
2016年7月18日